Le mémorial de Peter Eisenman à Berlin

Lecture architecturale et philosophique selon Adorno, Derrida et Habermas

Collection « Ouverture philosophique »
Série « Arts vivants »
co-dirigée par Jean-Marc Lachaud,
Professeur à l'Université Paris 1 – Panthéon-Sorbonne,
et par Martine Maleval,
Maître de Conférences à l'Université de Lorraine

Une collection d'ouvrages qui se propose d'accueillir des travaux originaux sans exclusive d'écoles ou de thématiques.

Il s'agit de favoriser la confrontation de recherches et des réflexions, qu'elles soient le fait de philosophes « professionnels » ou non. On n'y confondra donc pas la philosophie avec une discipline académique ; elle est réputée être le fait de tous ceux qu'habite la passion de penser, qu'ils soient professeurs de philosophie, spécialistes des sciences humaines, sociales ou naturelles, ou… polisseurs de verres de lunettes astronomiques.

La série « Arts vivants » questionne les enjeux esthétiques et politiques qu'exposent les scènes artistiques.

Dernières publications

Jean-Marc LACHAUD et Olivier LUSSAC (dir.), *L'art de la performance : Studies ou boîtes à outils*, 2021.
Ophélie NAESSENS, *Portraits parlants dans l'art vidéo. La parole vivante dans les pratiques artistiques des années soixante-dix à nos jours*, 2021.
Frédérique AUFORT, *Le théâtre de l'accord. Une théorie de la scène fondée sur la philosophie de Georges Bataille*, 2020.
Jessica X. DABOIN, *La teneur de vérité de l'œuvre d'art autonome dans l'esthétique d'Adorno*, 2019.
Ramzi TURKI, *Le Net art et l'esthétique du partage, Les murs ont aussi des yeux qui nous regardent,* 2019.
Claude COURTECUISSE et Éric VANDECASTEELE (dir.), *Art Design, d'un territoire l'autre*, 2019.
Davide MESSINA, *Pasolini et son chant du signe. Écriture, cinéma, musique*, 2018.
Martine BALDACCHINO-GAUTHEY, *Vers l'abstraction de l'image cinématographique*, 2018.

Éric Valentin

Le mémorial de Peter Eisenman à Berlin

Lecture architecturale et philosophique selon Adorno, Derrida et Habermas

L'Harmattan

Du même auteur

Claes Oldenburg, Coosje van Bruggen.
Le grotesque contre le sacré,
Paris, Gallimard, coll. « Art et artistes », 2009.

Claes Oldenburg et Coosje van Bruggen.
La sculpture comme subversion de l'architecture (1981-1997),
Dijon, Les presses du réel, coll. « Inflexions », 2012.

Joseph Beuys. Art, politique et mystique,
Paris, L'Harmattan, coll. « Les Arts d'ailleurs », 2014.

Barnett Newman. Splendeur mystique et horreur absolue,
Paris, L'Harmattan, coll. « Histoires et idées des Arts », 2015.

Thomas Hirschhorn et Georges Bataille.
La foudre et les flammes,
Paris, L'Harmattan, coll. « Histoires et idées des Arts », 2018.

L'Insurrection de la douceur.
Les performances musicales de Nathalie Forget,
Paris, L'Harmattan, coll. « L'Art en bref », 2020.

5-7, rue de l'Ecole-Polytechnique, 75005 Paris
http://www.editions-harmattan.fr
ISBN : 978-2-343-23343-7
EAN : 9782343233437

Remerciements

Toute ma gratitude à Jean-Marc Lachaud et Bruno Péquignot qui ont apporté leur soutien à mon essai sur *Le Mémorial aux Juifs assassinés d'Europe* de Peter Eisenman.

« L'Holocauste fut une tragédie juive, bien que ses implications et ses applications restent universelles ».
Elie Wiesel, *Silences et mémoire d'hommes.*

« Qu'on ne s'étonne pas si un crime insondable appelle en quelque sorte une méditation inépuisable ».
Vladimir Jankélévitch, *L'Imprescriptible.*

« Le non-sens absolu de ces meurtres et de ces déportations que nous appelons la Solution finale ».
Ruth Klüger, *Refus de témoigner.*

« Le sens du mémorial doit être centré sur le crime et les criminels ».
Jürgen Habermas, « Les Allemands et leur mémorial ».

« Aujourd'hui, art radical signifie art sombre, noir comme la couleur fondamentale [...] L'idéal du noir est, du point de vue du contenu, l'une des plus profondes tendances de l'abstraction. »
Theodor W. Adorno, *Théorie esthétique.*

1/ Introduction

La réflexion sur la dimension artistique du mémorial d'Eisenman à Berlin, en dépit d'un débat moral et politique significatif, est restée limitée et même indigente[1]. Peter Reichel dit que le mémorial a contribué au souvenir des victimes et à l'occultation des criminels dans l'esprit de tout le monde à Berlin[2]. Ce diagnostic signale peut-être que le mémorial d'Eisenman n'a toujours pas été compris, même par certains protagonistes du débat, en étant vu de manière exclusive et appauvrissante comme une sépulture symbolique pour les Juifs exterminés par les nazis. Sans supprimer cette dimension comme geste d'hommage aux Juifs, il convient de rappeler que dans l'esprit du jury et des deux artistes Serra et Eisenman, le mémorial est d'abord destiné aux Allemands, descendants des bourreaux, et non aux victimes[3]. Sans ce rappel, le mémorial est inintelligible sur le plan artistique, esthétique, philosophique et politique.

On propose une interprétation adornienne du mémorial. Le premier projet *Eisenman I,* réalisé par l'architecte et le sculpteur Richard Serra, est déterminant pour les deuxième et troisième projets réalisés par Eisenman seul. On fonde notre analyse sur *Eisenman I.* La participation de Serra n'est pas marginale mais déterminante pour le monument. Son retrait du projet tient à son refus de faire des compromis qui contredisaient le sens du monument, notamment l'idée de créer un centre de documentation sous le mémorial. Les maquettes *Eisenman 2* et surtout *Eisenman 3* n'apportent pas de compléments décisifs à la première maquette

---

[1] Le vote du parlement allemand a retenu, en 1999, le projet de mémorial d'Eisenman et Serra qui fut inauguré en 2005.

[2] Peter Reichel, « Auschwitz », in *Mémoires allemandes,* sous la direction d'Etienne François et Hagen Schulz, trad. B. Lortholary et J. Etoré Paris, Gallimard, 2007, p. 573.

[3] On ne peut pas oublier cette dimension puisque le titre du mémorial est *Mémorial aux Juifs assassinés d'Europe*. Mais les destinataires, on le verra, sont les descendants des bourreaux, en priorité les Allemands. Ce qui veut dire que l'œuvre n'est pas à proprement parler « un monument aux morts » comme on a pu le dire, avec la connotation traditionnelle de l'expression. L'œuvre d'Eisenman est beaucoup plus intéressante qu'un monument aux morts.

choisie par le jury[4]. Le centre de documentation ne sera pas construit par Eisenman. Imposer ce centre indique que le mémorial n'a pas été compris par beaucoup[5].

La réalisation d'Eisenman est un chef-d'œuvre de l'art public depuis 1945 et une production marquante de l'art du XXe siècle. En tant que telle, elle est susceptible de servir d'exemple, notamment pour l'art de la mémoire à la condition d'être comprise.

Souvent, quand on aborde des œuvres liées à la mémoire d'Auschwitz, la déclaration d'Adorno doit être prise en compte : « écrire un poème après Auschwitz est barbare[6] . » Le philosophe pensait à la poésie lyrique notamment mais aussi à l'art. Adorno s'est corrigé en déclarant que l'art conservait sa légitimité en se faisant l'expression de la souffrance historique et sociale[7]. La poésie de Celan, par exemple, avait ainsi toute sa légitimité. Adorno a cependant défendu tout art qui résistait à l'inhumanité de la société. Le mémorial d'Eisenman et Serra correspond à cette résistance en mimant notamment une figure de la barbarie inscrite dans ses dalles, ses piliers et ses blocs de béton composant un champ sculptural, un paysage urbain saturé par une réification qui défie d'abord la possibilité d'un sens quelconque. Eisenman, en pensant à la Shoah déclare : « Comment donner un sens à un crime aussi démesuré ? » En dépit de cette absence de sens apparente du mémorial souvent relevée et contestée, on défend, comme le critique d'art Edouard Beaucamp, l'idée que ce monument est

---

[4] La maquette *Eisenman 2* a réduit le nombre de blocs de béton comme on l'a imposé aux artistes. Passage de 4000 blocs à 2711. Les stèles en béton du mémorial varient en hauteur (de 0 m à 4,07 m) mais ont la même longueur (2, 8m) et la même largeur (0,95 m.). La superficie fait 19.000 m^2 . *Eisenman 3* inclut un centre de documentation qui a été réalisé par un nouvel architecte, Dagmar von Wilcken. Ce centre a été refusé par Serra et Eisenman. Il contredisait le mutisme de leur monument.

[5] Ce centre, construit sous terre, contient plusieurs salles : la salle des dimensions (citations de journaux intimes des victimes) ; la salle des familles (photos et documents personnels) ; la salle des noms (rappel des noms des Juifs assassinés) ; la salle des lieux (films et photos historiques) ; archives vidéo (récits de survivants) ; base de données (les noms de millions de victimes juives).

[6] Adorno, *Prismes. Critique de la culture et de la société,* trad. G et R. Rochlitz, Paris, Payot, 2003, p. 26.

[7] Adorno, *Dialectique négative*, trad. groupe de traduction du Collège de Philosophie, Paris, Payot, 2003, p. 439.

riche en significations et ouvert aux associations. Adorno recommande de « ne pas flancher devant l'indicible, essayer de comprendre si on ne veut pas subjectivement sombrer dans la folie qui règne objectivement[8] ». Seule une immersion dans l'œuvre particulière permet de résoudre le paradoxe de ce mémorial d'un non-sens qui se révèle avoir du sens.

Pour être compris, le mémorial doit être relié à la production artistique de Serra et à l'architecture d'Eisenman. Il doit de même en tant qu'art abstrait spécifique être relié à des productions artistiques, architecturales et urbaines notamment des années 1960 qui conditionnent sa possibilité ; sans cette connaissance, les contresens s'imposent ou simplement l'incompréhension. L'art contemporain sans compromis et non démagogique comme le mémorial, selon Habermas, est souvent incompréhensible sans connaissance artistique[9]. Aborder le mémorial sans effort intellectuel et sans éducation artistique est condamné à l'échec ou à une réception pieuse, lacrymale et aveugle réduisant le mémorial à un cimetière.

Adorno écrit : « Le contenu de vérité des œuvres n'est pas ce qu'elles signifient, mais ce qui décide de la vérité ou non de l'œuvre[10]. » Les significations du mémorial n'ont pas été relevées et enregistrées par la majorité des protagonistes du débat autour du monument pendant des années. La réception des détracteurs est restée trop superficielle pour que ces significations soient décryptées. L'analyse de l'œuvre commence par le relevé de ces significations convergentes. La force du mémorial dépend étroitement de sa vérité. C'est la barbarie nazie qui est figurée de manière cryptée dans le monument. Cette figure dépend de la compréhension historique, philosophique et politique de la Shoah. Cette dimension doit être aussi incluse dans l'étude du monument pour que sa puissance soit reconnue. Le mémorial exige de la part des récepteurs une réflexion et un engagement intellectuels

---

[8] Theodor W. Adorno, *Minima Moralia. Réflexions sur la vie mutilée,* trad. E. Kaufholz et J.-R. Ladmiral, Paris, Payot & Rivages, 2003 p. 140.

[9] Jürgen Habermas, « Les Allemands et leur mémorial » in *Cités,* n° 78, Paris, PUF, 2019.

[10] Adorno, *Théorie esthétique*, trad. M. Jimenez, Paris, Klincksieck, 2011, p. 186.

nécessaires, si l'on veut être à la hauteur d'une mémoire responsable.

Les mondes de l'art, en partie inféodés à l'industrie culturelle, n'aiment pas trop les jugements de valeur. Comme Adorno, on les revendique[11].

Habermas, à propos du mémorial qu'il défend, a déclaré qu'il était difficile de représenter en art la rupture de civilisation que représentent les crimes nazis et notamment le judéocide. Eisenman a de même signalé cette difficulté et même son impossibilité. Notre étude, sans sous-estimer la justesse de ces remarques, espère montrer que l'essai d'Eisenman de le faire est remarquable et éloquent.

Notre compréhension du mémorial et de ses enjeux est liée à la reconnaissance de l'universalité du judéocide, en suivant Yehuda Bauer : traiter la tragédie juive en tragédie universellement humaine[12]. Sur ce plan, Bauer est en accord avec des survivants aussi considérables que Elie Wiesel, Primo Levi et Imre Kertesz. Notre étude est réalisée avec en mémoire une déclaration de Paul Ricœur : « Les victimes d'Auschwitz sont, par excellence, les délégués auprès de notre mémoire de toutes les victimes de l'histoire[13]. » Sans une connaissance du nazisme, notamment à partir de la seconde guerre mondiale, le mémorial n'est pas intelligible. Ce monument est lié à une interprétation spécifique de l'histoire du nazisme et notamment du judéocide. Son caractère énigmatique doit impliquer de la part des spectateurs une réflexion menant à des études sur la Shoah. Le mémorial appartient à une entreprise collective qui engage des historiens, des spécialistes des sciences politiques comme Hilberg et Arendt, des sociologues comme Bauman, des philosophes comme Habermas, Adorno, Arendt et bien sûr les survivants avec leurs témoignages et ceux qui ont pensé la Shoah comme Elie Wiesel, Jean Améry, Primo Levi, Kertesz, Ruth Klüger.

---

[11] Theodor W. Adorno, « Paralipomena », in *Théorie esthétique,* trad. M. Jimenez, E. Kaufholz,, *op. cit.,* p. 364.

[12] Yehuda Bauer, *Repenser l'Holocauste*, trad. G. Brzustowski, Éditions autrement, 2002, p.10.

[13] Paul Ricoeur, *Le temps raconté, temps et récits III*, Paris, Seuil,1985, p. 273.

L'abus de mémoire a été souvent dénoncé. On entendra cette dénonciation dans le débat sur la légitimité ou non du mémorial de la Shoah à Berlin. En fait, il n'y a pas d'abus, il y a une commémoration par l'art qui est *kitsch* ou souvent médiocre. Ce qui manque cruellement, c'est l'ouverture du champ de la mémoire historique.

En 1994, lors du génocide du Rwanda, le silence international et la passivité démontraient que la leçon d'Auschwitz n'avait pas été correctement entendue, notamment en France. La Guerre ethnique de Yougoslavie de 1991 à 1995 est à l'origine de personnes déplacées : 2, 2 millions. 20 000 femmes sont violées dans le cadre des épurations ethniques. De tels phénomènes n'ont jamais été vus en Europe depuis 1945. Les nettoyages ethniques se succèdent, mettant aux prises les Croates, les Serbes, les Bosniaques. La communauté musulmane est la plus touchée par ces conflits. Ces guerres font suite à l'effondrement de l'Union soviétique et à la dissolution de la Yougoslavie communiste. La mémoire de la division de l'Europe sanglante de la première moitié du XXe siècle est réactivée. Les années 1990 voient la xénophobie se manifester contre les Tsiganes en Bulgarie et en Hongrie, et plus généralement dans l'Europe des Balkans.

L'hostilité importante des élites culturelles et politiques allemandes par rapport au mémorial d'Eisenman est le symptôme d'un refus de regarder en face le passé criminel inédit des Allemands.

La réunification de l'Allemagne a suscité des inquiétudes en Europe de l'Ouest, notamment en Grande-Bretagne et en France. Günter Grass s'est opposé en vain à cette réunification dans laquelle il voyait un déséquilibre en Europe, au profit de l'hégémonie allemande, peut-être source de régression politique. L'URSS et ses satellites en Europe de l'Est n'avaient jamais reconnu la spécificité de la Shoah et avaient enseveli la mémoire des crimes antisémites des Allemands et des Autrichiens. Le moment était venu de créer un monument qui soit capable de conserver la mémoire de Juifs d'Europe assassinés, pour la plupart en Pologne et dans les terres de sang des zones soviétiques occupées, comprenant notamment les pays Baltes, l'Ukraine, la Biélorussie et la Russie.

La liquidation de la mémoire de la RDA par l'Allemagne réunifiée n'allait pas non plus dans le sens d'une mémoire saine du passé nazi de l'Allemagne.

Améry écrit : « Auschwitz est le passé, le présent et le futur de l'Allemagne[14]. » Eisenman et Serra souscrivent à cet impératif, contre les détracteurs de leur monument.

[14] Jean Améry, *Par-delà le crime et le châtiment, essai pour surmonter l'insurmontable*, trad. F. Wuilmart, Actes Sud, 1995, p. 167.

2/ La maquette *Eisenman I*

L'art abstrait choisi par Eisenman pour son mémorial est spécifique. L'architecte n'est pas un rationaliste comme le sont les constructivistes ou les peintres du néoplasticisme. Il n'adhère pas non plus à une abstraction formaliste et esthétique comme celle que défend Greenberg et ses disciples dans les années 1950 et 1960 aux États-Unis. Il n'épouse pas non plus une abstraction spiritualiste comme celle de Malevitch, de Rothko, de Newman ou de Mondrian. Il exclut une abstraction informelle comme l'expressionnisme abstrait ou l'art abstrait informel des années 1950 en France. Eisenman n'est pas un humaniste, cela le distingue de Mondrian ou de Newman et de toutes les avant-gardes picturales du début du XXe siècle. Eisenman a en revanche des liens étroits avec l'art minimaliste et l'art conceptuel américains des années 1960 et 1970. Sol Lewitt, une référence d'Eisenman, dit que « l'art conceptuel est fait pour éveiller l'esprit du spectateur plus que ses yeux ou ses émotions[15] ». Eisenman en 1973 déclare : « Je crois en l'interdépendance de la forme et des idées[16] ». Il se démarque donc de son formalisme initial. Dans ses écrits plutôt hermétiques, techniques et quelque peu idiosyncrasiques, Eisenman fait part de certaines orientations de son architecture et nous prévient qu'il est un architecte et non un historien ou un théoricien[17]. On le croit volontiers.

Eisenman a été un tenant de l'art pour l'art dans les années 1960. Il recherchait une architecture autonome sur le modèle d'une peinture autonome ou d'une sculpture autonome dans le sillage de Greenberg. Une architecture paradoxale non fonctionnelle était un objectif. Il s'agissait de faire une architecture en tant qu'art pur. Il y a ici une parenté avec l'objectif du peintre des Ultimate painting, Ad Reinhardt ; ses monochromes noirs sont liés à une théologie négative qui ne dit jamais son nom, conférant une sacralité au tableau exposé dans un musée qui devient un sanctuaire.

---

[15] Sol LeWitt cité par Peter Eisenman, *Écrits, 1963-1984,* trad. G. Hermann, Éditions Formes, 2017, p. 108.
[16] Eisenman, *Écrits*, *op. cit.*, p.181.
[17] *Ibid.*

L'architecture pure en tant qu'art que recherche Eisenman est moins explicitement religieuse. Mais comme les monochromes fascinants de Reinhardt, elle cherche à se soustraire à toute instrumentation. L'Ultimate painting de Reinhardt, l'ami du célèbre moine théologien Thomas Merton, refuse de se subordonner à la politique, à la religion, à la morale, au commerce, à l'expression du moi de l'artiste et à toute finalité sociale[18]. Cette dernière peinture atteint pour Reinhardt la perfection comme emblème sublime d'un désintéressement radical[19]. Eisenman ne cherche pas une telle spiritualité, du moins en conscience, dans ses débuts. Mais l'art pour l'art qu'il défend appartient au même monde que l'art en tant qu'art de Reinhardt. Benjamin l'a bien désigné : « La doctrine de l'art pour l'art n'est autre qu'une théologie de l'art […], une théologie négative sous la forme de l'idée d'un art pur qui refuse non seulement toute fonction sociale, mais encore toute évocation d'un sujet concret. En littérature, Mallarmé fut le premier à occuper cette position[20]. »

On peut retenir l'antihumanisme d'Eisenman proche de celui de Foucault. Par antihumanisme, il faut comprendre une critique du sujet philosophique cartésien maître de lui-même, sans inconscient, et une critique des idéologies du progrès contredites par l'histoire contemporaine depuis la Première Guerre mondiale. Eisenman croit en un sujet faible et clivé. Il parle d'un décentrement de l'homme en citant Foucault[21]. L'architecte s'oppose aux abstractions platoniques glaciales du style international en architecture. Le mémorial est matérialiste. Eisenman s'est toujours opposé à la métaphysique de la présence, constante en architecture avec ses idées dominantes de durée, de solidité, de fondation, de structure, de fonctionnalité. Il prend acte comme Rowe d'un certain classicisme dans le modernisme de Mies et Gropius et de leurs disciples qui réduit l'originalité du modernisme et sa préten-

---

[18] Ad Reinhardt, « L'art en tant que tel », décembre 1962, in Harrison et Wood, *L'Art en théorie 1900-1990*, trad. A. Bertrand et A. Michel, Paris, Hazan, 1997, p. 887-891.

[19] Sur l'art d'Ad Reinhardt, voir Éric Valentin, « Avec Reinhardt : libérer le regard, », *Artstudio*, Paris, n°16, 1990.

[20] Walter Benjamin, « L'Œuvre d'art à l'ère de sa reproductibilité technique (première version, 1935) » in *Œuvres III*, Paris, Gallimard, 2000, p.77.

[21] Eisenman, *Écrits*, *op.cit.*, p. 239.

tion à ne plus dépendre de l'impératif du style. Eisenman parle de « rendre l'idée de monument elle-même, polémique[22] ». Il l'a fait de manière exemplaire et unique avec son mémorial. Son mémorial ne propose aucune réconciliation, à la différence du monument traditionnel. Il ne s'agit pas de militer pour une réconciliation des Allemands avec les Juifs. Les débats autour du mémorial ont montré qu'il n'y avait pas de consensus autour d'Eisenman et de son œuvre. Selon une expression d'Adorno, le mémorial « est une offrande anti-humaniste à la collectivité[23] ». Le spectateur en attente de compassion, d'humanité, de morale, d'hommage, de reconnaissance collective est déstabilisé par le silence du mémorial qui est lié à une esthétique du choc en expulsant toute mémoire sentimentale. Le texte de présentation du mémorial s'intitule « le silence de l'excès[24] ».

Eisenman entend réaliser une architecture post-fonctionnaliste. La fragmentation et la multiplicité sont essentielles[25]. Le mémorial est composé de blocs, et de fragments.

La réflexion urbaine est importante pour l'architecte. Il a apprécié le livre de Rossi *L'Architecture de la ville.* Ce qui l'intéresse chez Rossi, c'est sa réflexion sur l'échec urbain moderniste. Il a retenu aussi la subjectivité mutilée de l'architecte italien[26]. Le pessimisme essentiel de Rossi, l'amène à rompre avec l'*Aufklärung*[27]. Eisenman sur ce point ne le suit pas. Il ne confond pas la rationalité instrumentale avec l'*Auflärung*. La critique de la raison est légitime et indispensable, sa suppression serait une catastrophe. Eisenman s'est opposé à la décision de Rossi de prendre le parti du postmodernisme à Berlin qui limite les innovations architecturales de la reconstruction. Le retour à la ville historique de Rossi n'intéresse pas l'architecte américain.

---

[22] *Ibid.*, p. 202.

[23] Adorno, *Philosophie de la nouvelle musique*, H. Hildenbrand et A. Lindenberg, Paris, Gallimard, 1962, p. 154.

[24] Voir Peter Eisenman, "The Silence of Excess" in *Holocaust memorial Berlin,* Suisse, Lars Müller Publishers, 2005.

[25] Eisenman, *Écrits op. cit.*, p. 240.

[26] Sur les rapports de Eisenman avec Aldo Rossi et sa conception urbaine, voir Luc Lévesque, *Peter Eisenman entre lieu et non-lieu. Vers une architecture de l'interstitiel :1963-1988*, Genève, MetisPresses, 2019.

[27] Eisenman, *Écrits, 1963-1964*, trad. G. Herrmann, Editions Formes, 2017, p. 333.

La dissolution des échelles et la dislocation du lieu lui importent. De ce point de vue, il est proche des non-sites de Smithson. Le lieu du mémorial de Berlin est un terrain vague ravagé par les bombes ; c'est un non-site urbain. Le mémorial lui-même est un non-site radical, opposé au « génie du lieu » défendu par le disciple heideggérien Norberg-Schulz qui considère que le déconstructivisme est un nihilisme en s'en prenant notamment au musée Vitra de Gehry, trop monochrome et disloqué[28]. Gehry est pourtant l'architecte déconstructiviste le plus créatif, le plus lumineux et positif[29]. Golberger dit de l'un des chefs-d'œuvre de Gehry, le Walt Disney concert Hall de Los Angeles, qu'« il est une ode à la joie de l'architecture[30] ». Norberg-Schulz juge l'art de Gehry symptomatique d'une modernité déracinée et condamnable, au nom d'une sacralité du lieu inspirée des spéculations métaphysiques et obsolètes de Heidegger sur l'architecture[31].

---

[28] Christian Norberg-Schulz, *L'Art du lieu. Architecture et paysage, permanence, mutations*, trad. Anne Guglielmetti, Paris, Le moniteur,1997.

[29] Le musée Vitra, consacré au design (1989, Weil am Rhein) est lié à la danse, art récurrent dans la production de Gehry. Il est lié à la joie, à la liberté et au monde en partie enfantin créé par les célèbres designers américains Charles et Ray Eames.

[30]Paul Goldberger, *Building Art. The Life and Work of Frank Gehry*, Alfred A. Knopf, New York, 2015, p. 320.

[31] Heidegger, hostile à toutes les formes de modernisme architectural de son époque, milite avec légèreté et inconscience, pour la poésie de l'habiter après Auschwitz. « L'homme habite en poète » (1951). Dans « Bâtir habiter penser », conférence de la même année, le paradigme de l'architecture est le pont « le vieux pont de pierre » qui relie le château à la cathédrale, p. 180 ; « Le pont, à sa manière, rassemble auprès de lui la terre et le ciel, les divins et les mortels », in *Essais et conférences*, trad. A. Préau, Paris, Gallimard, p.181. Heidegger dit qu'il faut ménager le « Quadriparti » : sauver la terre, accueillir le ciel, attendre les divins, conduire les mortels, ce quadruple ménagement est l'être simple de l'habitation », p. 190. Cette cosmicité à peine assumée, ce polythéisme obsolète, cette emphase refoulant l'immonde de son époque sont affligeants. Le « Quadriparti » de Heidegger est encore pris au sérieux par certains spécialistes de l'architecture qui ne réalisent pas que l'interprétation heideggérienne de l'habiter est une version mystifiante et sublimée de l'idéologie völkish nazie la plus régressive. Pour une critique de la philosophie de Heidegger et ses liens avec le nazisme et l'antisémitisme, voir les articles de Emmanuel Faye, Alexandre Douguine, Sidonie Kellerer, Richard Wolin, *Revue d'Histoire de la Shoah*, des philosophes face à la shoah, n° 207, octobre 2017. Voir aussi *Les Cahiers noirs de Heidegger* (2014-2015) dans lesquels l'antisémitisme de Heidegger ne fait plus de doute et l'importance et la durabilité de son adhésion à l'idéologie nazie.

Comme le pensait Loos, l'architecture doit être d'abord fonctionnelle ; sauf exception ce n'est pas de l'art, elle n'est pas assez libre pour l'être. L'art comme celui de Kokoschka était libre et subversif pour l'architecte et n'avait pas pour fonction de sécuriser. Loos écrit : « Une faible partie du travail de l'architecte est du domaine des beaux-arts : le tombeau et le monument commémoratif. Tout le reste, tout ce qui est utile doit être retranché de l'art[32] ». L'architecture répond à un besoin, celui de l'abri. Solidité, durée, équilibre, sécurité sont attendus. Les commanditaires limitent l'architecte en tant que créateur. L'architecture est condamnée à plaire au commanditaire, mais aussi en ville à l'opinion publique. Pour Loos, l'œuvre d'art en revanche est libre, sa vocation est de perturber, d'interroger, de décevoir, de déstabiliser. Le mémorial est de l'architecture en tant qu'art, si on suit la logique de Loos. Eisenman réalise avec son mémorial son idéal de jeunesse : réaliser une architecture en tant qu'art[33].

Il déconstruit la fonctionnalité de l'architecture dans ses projets et réalisations dès le début de ses créations. Eisenman conçoit une architecture paradoxale : déstabiliser l'architecture et ses différents paramètres comme la transparence. L'expérimentation vise le déséquilibre, l'absence de symétrie, la déconstruction du cube architectural, la disharmonie, la disproportion, le hors-échelle pour inquiéter l'échelle humaine et la transgresser dans la mesure où elle est anthropomorphique et humaniste. Le mémorial par son étendue est hors-échelle notamment la première version réalisée avec Serra. On a parfois minimisé l'apport de Serra à la maquette *Eisenman I.* On verra que ce n'est pas le cas. Cette négation de l'échelle humaine correspond à la déshumanisation qui transparaît dans le mémorial à plusieurs niveaux. Les blocs de béton sont des modules sculpturaux qui excluent l'anthropomorphisme, comme le fait la sculpture de Serra et la plupart des œuvres minimalistes américaines. Le mémorial a une monumentalité par son étendue, mais comme le minimalisme, il rompt avec des traits distinctifs de

---

[32] Adolf Loos, *Paroles dans le vide*, trad. C. Heim, éditions Champ Libre, 1979. Sur les relations de Eisenman avec Loos, voir Luc Levesque, *op.cit.* p. 53 sq.

[33] Dans son texte sur son mémorial, Eisenman commence par une référence à Loos. Il déclare d'emblée que l'architecture en tant qu'art est liée aux monuments et aux tombeaux, in « Mémorial to the Murdered Jews of Europe », in *Materials on the Memorial to the Murdered Jews of Europe,* Berlin, Nicolai, 2009, p. 10.

la monumentalité comme l'élévation par exemple. Le sculpteur américain Carl Andre dit avoir mis à l'horizontale la *Colonne sans fin* de Brancusi avec ses connotations spiritualistes voire métaphysiques. La monumentalité du mémorial n'a aucune sacralité. Les teintes grises de l'œuvre renvoient plutôt à de l'ordinaire ou du neutre, bloquant toute emphase inhérente à de nombreux monuments traditionnels.

Derrida fait remarquer que l'architecture est le domaine qui résiste le plus à la déconstruction. Eisenman a été inspiré par la philosophie de Derrida et sa déconstruction. Dans son texte sur le déconstructiviste Tschumi et ses folies du parc de la Villette à Paris, Derrida a défini la déconstruction architecturale qu'il défend[34]. Il ne s'agit pas de l'absence d'œuvre. Les folies proposent une dislocation de l'architecture. L'enjeu est de déconstruire la sémantique architecturale, de remettre en question le construire et de l'inquiéter. Il s'agit de questionner l'idée que l'architecture ait un sens et qu'elle soit symbolique. Elle l'a été en effet dans son histoire. Il suffit de penser au plan en forme de croix des églises romanes et gothiques ou encore à la symbolique divine de l'architecture renaissante sacrée. Les notions de beauté, d'harmonie, de totalité et de durée sont remises en cause. La déconstruction, le philosophe l'associe à la déstabilisation, la différence, la déhiscence, la disjonction, la dissociation. Elle produit une architecture de l'hétérogène.

Derrida refuserait le degré zéro de l'architecture qui apparaît dans le mémorial. Derrida défend une déconstruction plus modérée que celle d'Eisenman qui n'hésite pas à construire un bâtiment mimant un effondrement comme au Japon[35].

Les déconstructivistes en architecture ne craignent pas la négativité et l'image de la destruction quand ils les jugent pertinentes[36]. C'est le cas de Coophimmel(b)lau à Dresde avec l'UFA Palast (1996). L'intérieur est « un espace piranésien sombre et mystérieux », mais surtout » deux feuilles de grille

---

[34] Jacques Derrida, « Point de folie-maintenant l'architecture », in *Psyché. Inventions de l'autre II*, Paris, Galilée, 1987-2003, p. 91-105.

[35] Voir Nunotani Office Building, Tokyo, 1992.

[36] Le déconstructivisme en architecture regroupe, lors d'une exposition au MOMA, en 1988, organisée par Johnson, les architectes suivants : Gehry, Tschumi, Koolhaas, Hadid, Eisenman, Coop Himmelb(l)au.

métallique de la taille de la façade semblent se détacher de la paroi[37] ». Le bâtiment montre aussi une partie en verre déséquilibrée qui suggère un effondrement imminent. L'architecture, ici, est de l'art. Elle enregistre la mémoire des bombardements de Dresde dans la nuit du 13 au 14 février 1945. La ville remplie de réfugiés fut ravagée par un océan de flammes tuant 35 000 personnes. L'architecte, en réalisant son édifice, s'oppose à l'effacement de la mémoire des bombardements alliés dénoncé par Sebald[38]. Ce dernier écrit en 1999 : « Nous ne sommes pas parvenus jusqu'ici à faire émerger dans la conscience collective, par des descriptions littéraires ou historiques, les horreurs de la guerre aérienne[39] . » Le silence des victimes survivantes des raids sur Hambourg s'explique : la plupart des fuyards furent atteints de démence.

Il ne faut pas aller jusqu'à l'absence de sens selon Derrida qui reproche à Eisenman son intérêt pour l'absence, au nom d'une critique radicale de la métaphysique de la présence qui est inhérente à toute architecture[40]. Eisenman serait assez proche de Tigerman et son intérêt pour les liens de l'architecture avec la mort[41]. La déconstruction ne doit pas aller dans le sens de l'inhumain et de l'inhabitable pour le philosophe. Cette position implique un déni de l'inhabitabilité d'un certain modernisme architectural et urbain. La négativité n'a pas vraiment droit à l'expression dans la déconstruction modérée de Derrida. Eisenman, son disciple, est plus radical. Derrida précise : « Les folies de Tschumi ne détruisent pas ». L'architecte associe toujours déconstruction et reconstruction pour

---

[37] Emmanuel Rubio, *Vers une architecture cathartique (1945-2001)*, Paris, Éditions Donner lieu, 2011, p. 237.

[38] W. G. Sebald, *De la destruction comme élément de l'histoire naturelle*, trad. P. Charbonneau, Actes Sud, 2004.

[39] *Ibid.*, p.100.

[40] Derrida, *Les Arts de l'espace. Écrits et interventions sur l'architecture*, Paris, Éditions de la différence, 2015.

[41] Stanley Tigerman est un architecte postmoderne de Chicago ; il fait partie du groupe des Chicago Seven. La dimension sociale de l'architecture lui importe. Il a construit pour des sans-abris. Il est l'auteur, en 2009, du musée de l'Holocauste à Skokie dans l'Illinois, près de Chicago. Il cherche à réconcilier l'architecture avec la sémantique contre l'hostilité du modernisme au symbole. D'autre part, il entend relier l'architecture contemporaine avec l'histoire de l'architecture.

Derrida[42]. Le mémorial n'aurait pas de sens s'il proposait cette dialectique très conciliante. Eisenman entend bien lier son mémorial à la destruction. Avec son mémorial, il fait exactement ce que ne veut pas Derrida : « une architecture anesthésique, inhabitable, inutilisable, asymbolique et non signifiante. » Que peut-on édifier et construire après Auschwitz ? C'est une question sous-jacente du mémorial. La déconstruction d'Eisenman échappe au reproche de nihilisme de Derrida. Ce n'est pas Eisenman qui est nihiliste, c'est le monde que suggère son mémorial.

Les folies de Tschumi, nous dit Derrida, sont tout sauf le chaos d'une anarchie[43]. C'est pourtant ce chaos qui transparaît dans le mémorial comme une conséquence d'un diagramme despotique. Eisenman a saisi les liens étroits entre l'architecture et la domination sociale et politique.

« On ne déclare pas la guerre[44] » dit Derrida, peut-être en pensant à Lyotard qui, dans ses *Transformateurs Duchamp*, déclarait la guerre au Tout. Ce que fait aussi Eisenman.

Derrida a toujours été dans un entre-deux, assez peu engagé, et plutôt éloigné des avant-gardes artistiques. Une stratégie se trame entre les hostilités et la négociation. Tschumi aménage un espace de transaction[45]. Le terme de « folie » utilisé par Tschumi semble plutôt inadéquat en lisant Derrida. Ou alors, il s'agit des traditionnelles folies de jardins. Rien de bien inquiétant.

Avec le mémorial, Eisenman n'édifie rien, sinon pour une part des piliers d'un édifice absent. Il donne l'impression d'être en chantier et définitivement inachevé. Il se donne comme une succession de murs fragmentés. Eisenman pense, en se référant à Freud, à une architecture « pour l'homme fragmenté que nous sommes entre l'inconscient et la conscience[46] ». Tout le mémorial est en fait un fragment d'un monument continu virtuel. Contre les philosophies de la présence, Eisenman dit s'intéresser à l'absence, l'absence de construction dans le mémorial. Derrida écrit : « La

---

[42] Voir Jacques Derrida, *Psyché*, *op.cit.* p. 97.

[43] Derrida, « Point de folie-maintenant l'architecture », in *Psyché. Inventions de l'autre*, Paris, Galilée, p. 97.

[44] *Ibid.*, p. 101.

[45] *Ibid.*

[46] Eisenman, in Derrida, *Les Arts de l'espace, op.cit.*, p. 63.

modernité ne reconduit-elle pas au désert de l'anarchitecture, à un degré zéro de l'écriture architecturale où celle-ci viendrait se perdre, dorénavant sans finalité, sans aura esthétique, sans fondement, sans principe hiérarchique, sans signification symbolique, une prose enfin de volumes abstraits, neutres, inhumains, inutiles, inhabitables et privés de sens[47]. » Cette déclaration s'adapte parfaitement au mémorial. Architecture absente ou degré zéro de l'architecture et en même temps création exceptionnelle d'un monument qui exprime la monstruosité spécifique du judéocide. La composante structurale des trames surimposées que montrent des dessins du mémorial est déconstruite par l'architecte. La déconstruction se met au service d'une destruction de la structure pour créer une œuvre inédite. Derrida associe la déconstruction à l'événement, à ce qui arrive d'imprévisible. C'est le cas avec Eisenman. Avènement d'un chef-d'œuvre de l'art contemporain. L'événement, pour Derrida, c'est l'avènement d'un impossible, ici, l'impossibilité de figurer la Shoah. Le mémorial a cette éloquence rare de dire le judéocide comme aucune autre œuvre. Peut-on dire que Eisenman applique la déconstruction derridienne. Ce n'est pas le cas. L'artiste est plus radical que le philosophe pour son mémorial. Sa déconstruction se met au service d'une image puissante de la destruction. C'est la barbarie qui est représentée dans le mémorial, une barbarie méditée, rationalisée, méthodique, systématique, totalitaire. Derrida n'aime pas les extrêmes, Eisenman ne recule pas devant son objet : l'extrême de la brutalité nazie. Il s'approprie la déconstruction derridienne ou seulement des éléments. Il y a trop de déférence de Derrida par rapport au structuralisme, même si la déconstruction interroge sa systématicité et son désir de totalité. Eisenman est un post-structuraliste.

La déconstruction derridienne a un grand sens de la mesure. L'architecte est intéressé par la démesure, jusqu'à la provocation, voyez son gratte-ciel pour Berlin dédié à Max Reinhardt dont la forme est un ruban de Moebius[48]. Eisenman écrit : « Supposons un instant que l'architecture puisse être conceptualisée comme un ruban de Moebius, avec une continuité parfaite entre intérieur/ extérieur. Qu'est-ce que cela signifierait pour la vision ? Gilles

[47] Derrida, « Point de folie », *in Psyché, Inventions de l'autre II, op.cit.,* p. 96.
[48] Voir le projet pour Berlin : *La maison de Max Reinhardt* (1992).

Deleuze a proposé une telle continuité avec l'idée du pli [...]. L'idée d'un espace plié nie le cadrage à la faveur d'une modulation temporelle. Le pli ne privilégie plus la projection planimétrique mais une courbure variable [...], le pli est un type d'espace affectif qui touche aux aspects qui ne sont pas associés à l'efficace, qui excèdent la raison, le sens et la fonction[49]. » Eisenman ajoute : « Le pli n'est peut-être que l'une des nombreuses stratégies pour disloquer la vision ou pour disloquer la hiérarchie entre intérieur et extérieur qui domine la vision[50]. » Le gratte-ciel berlinois est un exemple d'architecture pliée que défend Eisenman. C'est une architecture sculpturale qui reprend des précédents sculpturaux comme celui du ruban de Moebius de Max Bill mais avec une autre forme. Ce gratte-ciel qui rompt avec le contexte urbain, s'oppose comme un manifeste à l'urbanisme berlinois de Kleihues et à l'idée de réparation urbaine et de retour à la ville historique. C'est une provocation inconstructible dans le cadre de la reconstruction urbaine mais qui traduit le goût d'un certain grandiose de Eisenman. On a l'impression que l'architecte veut montrer que la grandeur d'un bâtiment ne compromet pas nécessairement l'architecture en tant qu'art. Koolhaas a déclaré que l'art de l'architecture est inutile dans « la Bigness »[51]. L'impact du gigantisme n'est pas lié à la qualité artistique ou esthétique. Les gratte-ciels en tant qu'unité urbaine expulsent la composition, pulvérisent l'échelle humaine et les proportions, proposent des masses agressives, alarmantes et écrasantes. Les mégastructures sont des unités urbaines plus que de l'architecture. C'est ce qui peut se passer à l'intérieur qui importe et peut réintroduire des dimensions esthétiques comme dans les hypergratte-ciels de New York analysés par Koolhaas dans *New York délire*. La « bigness » produit des monstres architecturaux, comme le gratte-ciel de Pékin conçu par Koolhaas auquel s'apparente le mastodonte dédié à Max

---

[49] Eisenman, « Déplier la vision, l'architecture à l'ère des médias électroniques. » in *Marnes* n° 1, p. 400.

[50] *Ibid.*, p. 401. On comprend que son projet de gratte-ciel à Berlin est foncièrement opposé à la direction urbaine de Kleihues qui tient lui à une restauration de la ville historique de Berlin avec ses distinctions traditionnelles.

[51] Koolhaas, « Bigness ou le problème de la grande dimension », in *Junkspace*, trad. D. Agacinski, Payot, 2011, p. 29-42.

Reinhardt[52]. De tels monstres n'ont aucun lien avec le tissu urbain, il l'ignore.

Pourquoi un tel hommage au metteur en scène Reinhardt légendaire et peu connu ? Plusieurs aspects ont pu retenir Eisenman : faire revenir une version accablante sous une forme distincte du Schauspiele, construit par l'architecte expressionniste Poelzich et détruit par les nazis en 1938. Le Schauspiele, à l'origine, est une ancienne halle qui a été transformée en arène de cirque à grande échelle et en théâtre pouvant recevoir des milliers de spectateurs. Son nom initial est le cirque Schuman qui est devenu après transformation le Schauspiele de Poelszich. C'est là que Poelzich a fait sa grotte célèbre avec stalactites. Reinhardt désirait réenchanter le théâtre, lui insuffler du merveilleux et du grandiose. Il y a là au début du XXe siècle une ambition, une envergure artistique dont Eisenman est nostalgique. Reinhardt est un inventeur de la mise en scène moderne. « J'ai été un transformateur d'espace[53] » dit Max Reinhardt. On peut penser par exemple à l'invention de la scène tournante. Eisenman espère l'avoir été, notamment avec son mémorial. Autre point, Max Reinhardt concède au public une place importante. Il ne doit pas rester passif. Il faut réduire la distinction de la scène et de la salle. Le jeu des acteurs est capital, leur voix et leurs gestes dominent le texte. Ils sont proches du public. On s'adresse à l'imagination du spectateur par un art de la suggestion, des lumières et de la scénographie. « L'œuvre d'art ne trouvait sa réalisation que dans et par le spectateur[54]. » Le metteur en scène doit laisser un espace de liberté au public afin qu'il collabore. On reconnaît ici l'importance accordée au spectateur dans le mémorial d'Eisenman. Reinhardt voulait un théâtre destiné au plus grand nombre, mais sans édulcorer les œuvres théâtrales classiques ou nouvelles. Il souhaite un théâtre du peuple qui puisse faire jouer des pièces d'Hofmannsthal, de Wedekind et de Maeterlinck. Reinhardt réalisait des spectacles de masse, ce que la bourgeoisie cultivée

---

[52] Voir la mégastructure de Koolhaas : CCTV, siège de la China Central Télévision, 2012.

[53] Max Reinhardt, cité par Marielle Silhouette, *Max Reinhardt. L'avènement du metteur en scène*, Paris, Presses de l'université Paris-Sorbonne, 2017, p. 28.

[54] *Ibid.*, p. 164.

critiquait. Sa remise en cause de l'élitisme culturel était intolérable. Il croyait en une éducation populaire par son théâtre. Finalement, le mémorial de Berlin n'est peut-être pas si élitiste, du moins dans ses intentions. L'éducation est une finalité de ce mémorial anti-pédagogique, mais qui compte sur les capacités du public à s'y questionner et à s'y aventurer corps et âme. La composante communautaire du théâtre de Reinhardt est absente du mémorial, au profit d'une adresse à un individu autonome et critique. Les allées du mémorial sont conçues pour être parcourues par une seule personne. La masse qui exalte Reinhardt s'est assombrie avec la guerre de 1914 et la massification cynique des nazis. Le théâtre de Reinhardt recherchait la collaboration de la peinture avec Munch, Corinth, Orlik et Walser. Dans le gratte-ciel en forme de ruban de Moebius peut se lire le manifeste architectural d'Eisenman : fluidifier des grilles, inventer une nouvelle architecture liée à l'idée du pli deleuzien qui introduit le temps de l'imprévisible dans des espaces lisses et striés. En 1933, Reinhardt s'exile à New York. En 1937, il met en scène *La Route de l'espérance* de Werfel sur une musique de Kurt Weil et un décor de Norman Bel Geddes, un designer américain célèbre. La pièce de Werfel raconte l'histoire de Juifs refugiés dans une synagogue lors d'un pogrom, qui reprennent, dans la Torah, les siècles de souffrance du peuple juif. L'engagement de Reinhardt et de Werfel pour leur peuple a son équivalent chez Eisenman dans le mémorial de Berlin. Eisenman est loin d'être un architecte solipsiste. Il retrouve le sens de la communauté qui était si important pour Reinhardt dans son théâtre spectaculaire et parfois fantastique. Pour Eisenman, Reinhardt est un exemple et non un modèle. Comme le gratte-ciel de Eisenman, le monumental était une dimension importante des spectacles et de la mise en scène de Reinhardt. Le grandiose dont Eisenman est nostalgique a peu d'avenir. La grandeur, il l'a obtenue en réalisant son mémorial, en créant un chef-d'œuvre lié à la mort de masse, à la paranoïa et aux logiques funèbres de la modernité. Toute transcendance étant aujourd'hui anéantie. Cependant, le fait que l'espace strié du mémorial mimant la réification, l'endurcissement et le mouvement d'une rationalité irrationnelle soit travaillé par des plis en surface laisse envisager que la lutte contre la rationalité instrumentale n'est pas finie. Une nouvelle politique, une nouvelle société restent envisageables ; les ondulations du mémorial créent un espace lisse ambivalent porteur de vie et de chaos. Mais le grandiose n'est plus d'actualité pour une humanité qui a atteint ses limites. Eisenman a-t-il vraiment rompu avec tout humanisme emphatique ? L'engagement des artistes abstraits contre le nazisme n'est pas toujours lié à la négativité dans leurs œuvres. Otto Freundlich, par exemple, martyrisé par les nazis, réalisa sa lumineuse grande gouache : *Hommage aux peuples de couleurs* (1938).

Derrida semble avoir fait la leçon à des déconstructivistes sur cette question de la politique et de l'éthique, notamment à Koolhaas, Eisenman et Libeskind[55]. Ces architectes l'ont mal pris et on les comprend. Eisenman n'a aucune leçon de cet ordre à recevoir, au vu du mémorial de Berlin que Derrida ne connaissait pas ; l'architecte déclare : « être architecte constitue un acte social[56] ». La critique morale et politique est déplacée, surtout à l'égard de Libeskind et à son souci capital de la démocratie. Quant à Koolhaas, son apolitisme est largement compensé par une réflexion architecturale audacieuse qui domine le déconstructivisme et l'architecture des dernières décennies.

Derrida, en dépit de son intérêt répété pour le déconstructivisme, finit par déclarer qu'il est en fait rebelle à l'architecture, même celle des déconstructivistes, encore trop liée au désir de solidité métaphysique, de construction qui ne l'intéresse pas[57]. Finalement, Derrida déclare qu'il est proche de Bataille qui n'aimait pas l'architecture[58]. Le philosophe s'agace aussi de l'utilisation de la notion de pli par des architectes, notion empruntée à Deleuze, alors que lui-même avait beaucoup réfléchi autour du pli. Ce passage de certains architectes de la déconstruction derridienne au pli deleuzien, en 1997, lui est pénible.

[55] Voir Derrida, *Les Arts de l'espace*, *op.cit.*, p. 354.

[56] Eisenman, Allocution écossaise, 2008, art.cit., in *Marnes* 1, p. 409.

[57] Jacques Derrida, *Les Arts de l'espace*, *op.cit.*, p. 355.

[58] Pour Georges Bataille, l'architecture est une métaphore de l'ordre et de la puissance. Il a une préférence pour les ruines. Pour le mystique de la mort de Dieu que fut l'écrivain, l'histoire de l'architecture sacrée est mensongère en se faisant l'expression de dieux qui n'existent pas. Pour Bataille, l'architecture est liée à un refoulement fondamental de la mort et du temps.

Beaucoup d'ambiguïté tout de même dans la relation de Derrida à l'architecture, mais qui laisse transparaître une certaine difficulté à penser les avant-gardes de son époque dans le domaine des arts plastiques et visuels. Eisenman a fait remarquer à Derrida que ses textes sur des plasticiens sont passionnants mais que les artistes choisis par le philosophe comme Adami ou Titus-Carmel, par exemple, sont insignifiants dans l'histoire de la peinture et des arts graphiques au XXe siècle.

Il y a une morale et une politique de la déconstruction derridienne qui ne seraient pas démenties par la plupart des déconstructivistes. Derrida critique les logiques identitaires et communautaristes ; il défend les minorités sociales et sexuelles ; il est sensible aux marges sociales et jamais tout à fait en phase avec le communautaire. Le philosophe est du côté des opprimés. Il est critique par rapport au néolibéralisme économique. Il est soucieux de la démocratie. La déconstruction architecturale n'est pas toujours aussi progressiste sur le plan politique. Mais on ne pourra prétendre que le mémorial d'Eisenman n'est pas politique. C'est un manifeste contre le totalitarisme et les régimes autoritaires. Le mémorial est aussi indissociable d'une éthique.

Eisenman s'inspire de la linguistique de Chomsky. L'analyse syntaxique du langage lui importe. La sémantique est révoquée par ses recherches. Le mémorial n'est pas symbolique, délibérément. La déconstruction pour l'architecte induit la suppression des significations ou des messages ou des métaphores. Eisenman est radicalement contre les postmodernes qui participent à la reconstruction de Berlin dans les années 1980-1990. Le postmodernisme a réhabilité la fonction symbolique de l'architecture, notamment à partir des écrits brillants de Robert Venturi. Ce dernier a montré que le modernisme architectural, notamment de Mies et de ses disciples qui revendiquent un silence sémantique et un rejet du symbolique, maintiennent inconsciemment un symbolisme primaire lié au monde des usines, de l'industrie, et de la technoscience. L'architecture moderniste est, contre sa volonté, expressionniste en se faisant l'expression héroïque dans des gratte-ciels américains de la modernité technique et scientifique. Eisenman cherche à réduire ce symbolisme dans la première période de sa création quand il est lié aux New York five.[59] Faire une architecture pure, c'est la libérer radicalement du symbole, du message ou de la métaphore qui sont dans le modernisme souvent liés au monde utilitaire, de l'économie et de l'industrie. Le mémorial, en apparence, n'a pas de sens et ne renvoie à rien. Cet aspect silencieux, non symbolique, a choqué. Le choix d'un art abstrait austère constitué de volumes simples a été assez peu compris.

Eisenman s'intéresse aux structures, aux diagrammes, aux syntaxes. Il réintroduit la sémantique au niveau des structures qu'il produit. Il y a donc du sens dans les structures du mémorial. Il est à déchiffrer. Eisenman précise que c'est au spectateur de créer aussi ce sens. Le mémorial sera donc polysémique. L'architecte est ouvert à plusieurs lectures de son œuvre et à plusieurs usages. En effet, le mémorial est un espace à parcourir. L'interaction du champ sculptural avec le spectateur est importante.

Le principe de cette interaction est acquis avec les réflexions du minimaliste Robert Morris. Dans ses « Notes sur la sculpture », il cherche à définir une sculpture pure. Le médium de la sculpture devient l'espace notamment. Elle est un volume géométrique simple situé dans un espace. Elle est installée d'une manière particulière et le spectateur est invité à se déplacer pour en faire l'expérience. L'œuvre n'est pas uniquement l'objet géométrique occupant un espace spécifique et choisi, elle est aussi le résultat des déplacements du spectateur. Sans ce déplacement, elle est incomplète. L'appréhension de l'œuvre n'est pas uniquement optique mais haptique et physique. Le déplacement des spectateurs dans le mémorial dérive de ce type de réflexion minimaliste. On retrouve cette interaction dans le projet de Jochen Gerz pour le mémorial. Les spectateurs étaient aussi invités à se déplacer sur une vaste esplanade, mais surtout à répondre à une question, pourquoi le judéocide a-t-il eu lieu ? Le monument proposé était aussi connecté à un lieu de réflexion et de conférences sur le judéocide.

L'expérience du mémorial proposé par Eisenman est physique, mais elle devra être aussi pensante, imaginative, sensorielle,

---

[59] Le New York Five est un groupe d'architectes américains comprenant Eisenman, Hejduk, Gwathmay, Graves, Meier.

corporelle. On arpente seul le mémorial. Les allées sont trop étroites pour être parcourues à deux. Les autres visiteurs sont des obstacles à éviter. Le mémorial n'est pas un espace communautaire, un espace partagé public. L'expérience est individuelle. Le mémorial déconstruit un autre aspect du monument, c'est sa vocation à rassembler une communauté ou à devoir faire consensus. Cette importance concédée à l'individu en art s'oppose aux rassemblements de masses organisés par Speer ou dans le cinéma nazi par Riefenstahl. Abensour, en pensant au rassemblement nazi de Nuremberg, parle d'égalité sociale absolue, d'organisation des masses par blocs compacts, d'uniformisation littérale des individus[60]. Le bonheur de la fusion et de ne faire qu'un s'impose devant la personne charismatique, Hitler sur une tribune monumentale (100 mètres de longueur et 10 mètres de hauteur). La cathédrale de lumière de Speer utilisant la technologie a pour vocation d'engendrer un nouvel espace sacré, sacrifiant l'individu.

Arendt a écrit que le totalitarisme et sa terreur visaient la destruction de l'autonomie des individus. Symboliquement, le mémorial, par un art exigeant, s'adresse à des individus capables de réflexion et se démarquant de tout envoûtement.

[60] Miguel Abensour, *De la compacité. Architecture et régime totalitaire. Le cas Albert Speer*, Paris, Sens & Tonka, 2006.

3/ Richard Serra, Eisenman et le minimalisme américain

Pour mieux comprendre le mémorial, il faut revenir à la maquette *Eisenman I*, que l'architecte a réalisé avec Richard Serra. Sans le sculpteur, le monument final ne serait pas ce qu'il est. Serra a démissionné quand *Eisenman I* a été en partie censuré et perverti par les exigences des commanditaires. Il a refusé la réduction du nombre de blocs de béton. Le hors-échelle avec ses connotations a été réduit. Pire, on a ajouté au mémorial un centre de documentation sur le judéocide avec photographies, vidéos, récits. Autrement dit, cette exigence a directement contredit le mutisme agressif du mémorial, son absence apparente de sens qui oblige à la réflexion, ses nuances précieuses entre l'inintelligible et l'explicable. On n'a pas compris le lien étroit entre judéocide et non-sens. Le mémorial fait le même diagnostic que Ruth Klüger : le judéocide était un non-sens absolu.

Dans le sillage du minimalisme, Serra opte pour une sculpture liée au poids et à la matière, en opposition avec la sculpture défendue par Greenberg qui est plutôt plane, linéaire, graphique, immatérielle, transparente, légère et idéelle. Greenberg pense à Picasso et Gonzales, à Calder, David Smith, Gabo, Caro. Le critique d'art associe cette sculpture à l'architecture moderniste comme les Maisons de verre de Mies et de Johnson ou le gratte-ciel de verre américain de Bunshaft.

Serra à propos de son intérêt pour le poids déclare « qu'il a plus à dire sur les monuments liés à la mort, sur le poids, la densité et la matérialité d'innombrables sarcophages, plus à dire sur les tombeaux [...], plus à dire sur les architectures mycéniennes et incas, plus à dire sur le poids des têtes olmèques[61] ». À la différence de Serra, Eisenman a pour référence le Stijl en architecture, qui privilégie les plans et leur entrecroisement,

---

[61] Richard Serra, cité par Fabien Faure, *Richard Serra. Ma réponse à Kyoto*, Lyon, éditions Fage, 2008, p.134.

comme le montre la série de ses projets intitulée *House*. Selon Hejduk, *House VI* est la seconde maison canonique de De Stijl [62]. Eisenman précise que *House VI*, en dépit des ressemblances superficielles, est une inversion des travaux du Stijl. Mais la référence au courant hollandais est bien ancrée dans les débuts de la recherche d'Eisenman. Les dimensions de la pesanteur et de la masse, essentielles dans le mémorial de Berlin, sont dues à Serra.

L'architecture est importante pour Serra, notamment l'architecture baroque italienne. Les blocs de béton du mémorial sont liés au poids et à une compacité oppressante. La disposition des blocs remplit l'espace au point de le raréfier et de réduire ses espacements. La densification, la congestion peuvent faire penser à la raréfaction des espaces que les Juifs traversent durant la Shoah dans les wagons des déportations, les baraques d'Auschwitz, les centres de transit, ou les grands ghettos polonais comme Lodz ou Varsovie. On pense aussi à l'absence d'espace horrible et insoutenable de la chambre à gaz. Philippe Muller, *Sonderkommando* à Auschwitz relate ce qui se passait dans la chambre à gaz après le versement du zyklon B ; les plus vigoureux dans la panique et l'asphyxie avaient écrasé les plus faibles ; « Affolés, en proie à une terreur panique, ils avaient tous erré dans l'obscurité en se bousculant, en se piétinant, en s'affalant les uns sur les autres, pour en arriver à cet insoutenable et dantesque chaos[63]. » À partir de témoignages des Juifs survivants qui travaillaient dans les crématoires, Vassili Grossman imagine l'horreur des victimes dans les chambres à gaz[64]. Le mémorial est un espace qui suggère l'angoisse irréductible. Il montre la vraie nature de l'idéologie de l'espace vital hitlérien, l'expansion territoriale du Reich au détriment des autres peuples à l'Est[65]. L'espace vital nazi est un

---

[62] John Hejduk cité par Alain Farel, *Architecture et complexité. Le troisième labyrinthe*. Marseille, Éditions Parenthèses, 2008, p.155.

[63] Filip Müller, *Trois ans dans une chambre à gaz d'Auschwitz*, trad. P. Desolneux, Paris, Pygmalion, 2008, p.159.

[64] Vassili Grossman, *Vie et destin*, trad, A. Berelowitch et A. Coldefy-Faucard, l'Age d'homme, 1980, p.738-750.

[65] La notion de Lebensraum (espace vital) date de 1901, elle a été mise au point par le géographe Ratzel. Elle appartient à l'idéologie nationaliste et raciale. La conquête de l'espace vital est au centre de la politique nazie, elle vise la colonisation génocidaire de la Pologne et de l'Union soviétique.

espace colonial et sanguinaire. Le mémorial met sous les yeux des Allemands la hantise d'un manque de territoire de leurs ascendants. Pour Eberhard Jäckel, il y a un lien étroit entre la politique nazie de l'espace vital et l'antisémitisme exterminateur[66]. Les Juifs en Pologne, en Ukraine, dans les pays Baltes sont les premiers à être les victimes de la conquête de cet espace vital. Mais cette conquête devient aussi assez vite le prétexte au judéocide. Pour l'acquisition de cet espace et sa planification, des spécialistes de l'agronomie, de la démographie, de l'économie, du droit, de la géographie sont à l'œuvre pour penser des plans de la faim, des déportations de population, des acquisitions des territoires les plus rentables etc.

Le poids de la sculpture pour Serra a des significations, il renvoie à toutes les pesanteurs possibles de l'existence. L'importance du poids en sculpture est présente aussi dans l'art de Heizer qui renvoie, lui, à une imagination archaïque : le poids du sacré dans les cultures mégalithiques, une lourdeur infinie et terrible du sacré. Le mémorial évite néanmoins tout pathos, et le poids et l'écrasant sont inhérents à l'histoire et spécifiquement à la démesure du judéocide. Le poids des blocs de béton n'est pas lié au mystère ; pas de religion dans le mémorial et pas de sacralité. En revanche, il est lié à l'énigme que représente le mémorial. Une énigme se déchiffre, le mystère demeure insondable. Avec le mémorial, il s'agit de sonder l'insondable de la Shoah. Le poids des blocs est à l'origine de la gravité que suggère le mémorial. Gravité et silence collaborent à la création d'un espace de recueillement. L'art de Serra est lié au monde de la métallurgie et de la sidérurgie. Il utilise notamment l'acier. Par l'utilisation du béton, le mémorial connote la modernité. C'est un champ sculptural qui a été conçu par Serra. Le mémorial est lié à la sculpture et à l'architecture. Carl André fait remarquer que la sculpture minimaliste est souvent de la sculpture architecturale[67].

---

[66] Pour Götz Aly, l'extermination des Juifs s'inscrit dans le projet de réorganisation de la carte ethnique de l'Europe de l'Est. Ils sont les victimes systématiques et prioritaires des génocides programmés par les Plans de la faim. La destruction des Juifs s'envisagera comme un génocide indépendant des Plans de la faim.

[67] Carl Andre, in Irmeline Lebeer, *L'Art ? C'est une meilleure idée ! Entretiens 1972-1984*, Paris, Éditions Jacqueline Chambon, 1997, p. 46.

C'est vrai notamment pour lui-même avec par exemple *Hearth* (1980), un étroit tunnel primitiviste réalisé avec des poutres de bois brut. On peut penser pour Tony Smith, qui est aussi architecte, à *The Elevens are up* (1963), deux grandes dalles dressées se faisant face. Pour Sol LeWitt, qui a débuté comme assistant de l'architecte Pei, ses structures blanches sont liées à l'architecture.

Plusieurs œuvres de Serra ont pour medium l'espace réel, elles s'offrent comme de coupures de l'espace dont la fonction est de découvrir le site et de le parcourir. L'espace que déconstruit Serra est électivement l'espace perspectif qui a été réhabilité dans les arts plastiques actuels, notamment avec le medium photographique. L'espace perspectif est un espace isotrope, artificiel, géométrique, rationalisé, dissocier du corps, un espace à voir et non à parcourir quand il s'agit par exemple d'un jardin à la française. Cet espace mathématique est lié à un point de vue déterminé. Il est centralisé. Serra s'inspire des jardins secs japonais pour concevoir ses champs sculpturaux[68]. L'espace de la perspective est un espace intégralement structuré. C'est un espace de discipline de la perception, une moralisation de notre rapport à la perception. L'orientation spatiale de Serra correspond à celle d'Eisenman pour qui l'espace architectural, fondement du modernisme, mais aussi de l'architecture Renaissante doit être déconstruit. Le mémorial est une déconstruction de l'espace. Il n'a pas d'orientation spécifique, il est multidirectionnel. Il n'est pas centré, il n'a pas de début ni de fin, d'entrée ou de sortie privilégiée. Il est si l'on veut multi-perspectiviste. La perspective géométrique est liée à une esthétique, celle de l'harmonie, de l'équilibre et de la proportion. Le mémorial ne respecte pas ces paramètres. Eisenman déclare que la perspective Renaissante est plus importante encore en architecture qu'en peinture. (Brunelleschi est l'inventeur de la perspective géométrique et l'architecte Alberti, son premier théoricien, à la Renaissance). Dans le mémorial, des piliers sont inclinés et déstabilisés comme des plaques d'acier de Serra le sont souvent. Les hauteurs des blocs divergent. Le hors-échelle humaine, la disproportion s'imposent. L'architecture traditionnelle a réglé ses propositions sur les belles

---

[68] Voir Fabien Faure, *Richard Serra. Ma réponse à Kyoto*, éditions Fage, Lyon, 2008.

proportions du corps humain. Ici le champ sculptural n'est pas anthropomorphe. Le gris du mémorial neutralise toute séduction. Le goût est neutralisé. Le mémorial n'est ni beau ni laid. L'indifférence esthétique, sur le plan visuel, est une donnée majeure de l'œuvre. Krauss parle de l'agressivité implacable des œuvres de Serra[69]. La critique d'art à propos de Serra reste trop prisonnière du formalisme. Serra lors de la conférence de Yale, en 1990, déclare que l'œuvre est un jugement de valeur sur le contexte social et politique[70]. Une sculpture, dit-il, prend en compte les caractéristiques formelles d'un lieu, mais aussi sociales et politiques. L'œuvre ouvre un dialogue avec l'environnement. « Le cadre de sa sculpture, dit-il, est industriel et urbain[71]. » L'enjeu est de créer un anti-environnement[72]. C'est le cas du mémorial qui a une composante urbaine. Les blocs de béton connotent un endurcissement. Serra avec ce mémorial ne propose pas au spectateur une flânerie dilettante et esthète. Le technologiquement brut renvoie à une modernité violente. Pas de lyrisme, pas de poésie, l'art que défend Adorno comme expression du durci et de l'aliéné se manifeste dans le mémorial. Une partie de l'art contemporain du XXe siècle est, comme le dit Adorno, liée au désenchantement provoqué par le rationalisme instrumental.

Le mémorial conçu par Eisenman dérive du minimalisme qui a privilégié des traits distinctifs de la modernité industrielle, la série notamment. Le mémorial est un espace sériel qui installe des volumes simples, des parallélépipèdes de dimensions identiques, excepté pour les hauteurs. Les marques de ce monde industriel qui excluent les singularités et instaurent des répétitions et de l'identité confirment les liens étroits du monument avec la rationalité

---

[69] Voir les études de Krauss sur Serra, par exemple : « Abaisser, étendre, contracter, comprimer, tourner : regarder l'œuvre de Richard Serra », p. 319-333 et « Redessiner la sculpture : Richard Serra », p. 307-318, in *L'Originalité de l'avant-garde et autres mythes modernistes,* trad. J.-P. Criqui, Paris, Macula, 1993. Voir aussi de Krauss *Passages* et notamment son dernier chapitre « *Double Negative* : une nouvelle syntaxe pour la sculpture », trad. C Brunet, Paris, Macula, 1997, p. 251-296.

[70] Richard Serra, « Conférence de Yale », *Art en théorie 1900-1990,* une anthologie par Charles Harrison et Paul Wood, trad. sous la direction de A. Bertrand et Anne Michel, Paris, Hazan, 1997, p. 1227.

[71] *Ibid.*, p. 1225.

[72] *Ibid.,* p. 1228.

instrumentale. Le mémorial est lié à une mimesis de la réification. Eisenman cite Adorno. Il s'interdit toute séduction esthétique. La grisaille fait pencher le mémorial du côté de l'ordinaire. Rien de sublime ne s'immisce. Les catégories esthétiques traditionnelles ne sont plus opératoires. Adorno écrit : « L'héritage du sublime est la négativité non modérée, nue, et sans apparence[73]. » Eisenman et Serra se dissocient de l'art abstrait et de sa tendance à connoter une sublimité que plus rien dans la modernité ne vient corroborer. Associer le mémorial au sublime kantien est un contresens. Le sublime de Kant est lié aux idées d'infini et de totalité, des idées de la raison. Dans l'art d'Eisenman, toute totalité est récusée et *a fortiori* l'infinité du divin. Le sublime kantien est lié à une humiliation de l'imagination et du sensible incapable de donner une image adéquate des idées de la raison ; Eisenman ne prend pas le parti de l'intelligible pour dégrader le sensible. Le sublime est une catégorie dans la philosophie allemande trop liée au divin pour avoir encore une crédibilité. Quant au sublime de Burke, il fait trop de concessions aux vertus esthétiques de la terreur pour être encore légitime.

Eisenman s'est intéressé à l'œuvre du minimaliste Sol LeWitt[74]. Un texte de Rosalind Krauss est particulièrement intéressant pour comprendre le mémorial[75]. Eisenman connaît ce texte et s'y réfère dans ses écrits[76]. La plupart des commentateurs élogieux font de cet artiste un représentant de l'abstraction géométrique, un rationaliste dans le sillage du constructivisme européen. Ce type d'analyse réduit considérablement l'intérêt de l'œuvre de LeWitt en le réduisant à une expression tardive du rationalisme constructiviste en peinture et en sculpture. Krauss voit dans les structures géométriques de l'artiste une ratiocination pathologique délibérée, comme il s'en présente dans le *Molloy* de Beckett. Krauss inverse les lectures courantes en faisant des

[73] Theodor W. Adorno, *Théorie esthétique*, trad. M. Jimenez, Paris, Klincksieck, 2011, p. 277.

[74] Sol LeWitt a réalisé une seule sculpture noire contrastant avec toutes ses grilles blanches. Elle est dédiée au Juif mort oublié.

[75] Krauss « Sol LeWitt *in progress* », in *l'Originalité de l'avant-garde, op.cit.,* p. 335-350.

[76] Eisenman, *Écrits 1963-1984*, trad. G. Herrmann, Choisy le Roy, éditions formes, 2017, p. 113.

structures équivoques de Sol Lewitt des critiques précisément du rationalisme. Les structures parfois compliquées et sophistiquées de LeWitt deviennent des anomalies en trois dimensions, des concrétions géométriques monstrueuses et menaçantes. « Pour le public, les réseaux de grilles blanches de LeWitt n'ont pas de sens[77]», comme le mémorial. L'historienne d'art écrit : « Les stratégies formelles sont bien trop lacunaires et obsessionnelles pour s'apparenter à ce que disent les critiques. » Si Sol LeWitt était seulement un artiste rationaliste, il serait bien peu distinct des peintres géométriques des années 1920. Sa production serait plus ou moins académique et peu représentative. La lecture de Krauss en montre tout l'intérêt. Elle lit les structures de l'artiste minimaliste comme « les traces d'une sorte d'entêtement maniaque[78] ». Elle parle du babil de l'expansion sérielle de LeWitt. Il y a une méthode dans la folie des variations de *Incomplète Open Cubes* (1974). Elle parle de « système de la compulsion, de rituel inflexible de l'obsessionnel comme un voile tendu sur un abîme d'irrationalité[79] ». On est très près des grilles du mémorial d'Eisenman, visibles dans des dessins numériques du monument[80]. Smithson a fait une lecture comparable à celle de Krauss en écrivant que les structures de LeWitt sont des prisons privées de raison. Un tel diagnostic est juste concernant une sculpture comme *Open Modular Cube* (1966). Sol Le Witt déclare « Les pensées irrationnelles devraient être poursuivies jusqu'au bout et avec logique ». Beckett est une référence de LeWitt pour Kraus ; pourrait l'être aussi Robbe-Grillet avec son obsession volontaire de dénombrement comme décrire « une bananeraie rang par rang patiemment, obstinément, et non sans sadisme[81] ».

Le mémorial offre l'immense spectacle de l'irrationnel, l'emballement institutionnel de l'État nazi sous l'emprise du racisme radical de Hitler.

---

[77] Rosalind Krauss, *L'Originalité de l'avant-garde et autres mythes modernistes, op.cit.,*p. 339.

[78] *Ibid*, p. 341.

[79] *Ibid.*

[80] Pour ces dessins, voir *Materials on the Memorial to the Murdered Jews of Europe*, Berlin, Nicolai, 2009, p.11-13 et *Holocaust Memorial Berlin*, Lars Müller Publishers, Suisse, 2005, non paginé.

[81] *Ibid.,* p. 348.

Les minimalistes les plus critiques et les plus exemplaires comme Serra s'opposent à une rationalité fausse et pieuse dont les monuments se font généralement l'expression.

Une œuvre minimaliste et expressionniste américaine est proche de l'esprit du mémorial, c'est le cube noir de Tony Smith intitulé *Die* (1962). C'est un cube d'un 1 m 80 sur 1 mètre 80, à échelle humaine donc. Il connote la mort non pas strictement individuelle comme une tombe, mais la mort de l'humain. L'humanisme emphatique de l'art abstrait traditionnel, celui des avant-gardes de la première moitié du siècle est suspendu, sinon réfuté. Tony Smith, architecte et sculpteur, a été un disciple de Wright pour lequel l'échelle humaine de l'architecture était un dogme. Tony Smith, en sculpture, semble enregistrer la faillite de cette échelle humaine dans l'architecture des années 1960 et dans l'urbanisme de l'époque. Smith considérait que ses sculptures noires étaient des germes de contamination dans l'espace urbain. Le vivre ensemble de l'art public actuel était supprimé. La sculpture désignait les composantes insupportables de la ville contemporaine américaine. Sa *Black box* (1962), connote la catastrophe ou du moins son enregistrement. L'ensemble de sculptures en acier peint évoquant des stèles inclinées dans un parc de Washington, *Wandering Rocks* (1967), évoque un petit cimetière en mouvement. Smith tient à ce que ses sculptures suggèrent une certaine agressivité. Noires, elles sont malignes. Des installations comme *Hubris* (1969) ou *Eighty-one more* s'apparentent à des maquettes de pyramides sérielles proches de l'esprit du mémorial d'Eisenman ; il s'agit d'une prolifération de pyramides sur grille, menaçantes et pointues. *Smug* est un groupe de cellules noires proliférantes dans l'espace public pour le contaminer et s'en faire l'expression (1973) ; la sculpture est installée à New York, à Saint John's Rotary (1988-1993). Smith compare *Smug* et *Smog* à un dédale, qui comme les labyrinthes est lié à l'inconscient, dit-il. Il s'intéresse aussi aux constructions souterraines, caves, mines, catacombes et carrières[82]. Le sculpteur Smith dit être intéressé par les aspects inscrutables et mystérieux

[82] Tony Smith « Talking with Tony Smith" (1966), in *Tony Smith, Architect, painter, sculptor*, the Museum of Modern art, New York, 1998, p.190.

des choses. Le romantisme de Smith n'a pas d'équivalent dans le mémorial d'Eisenman, mais sa conception de la sculpture comme des germes noirs susceptibles d'envahir un espace et de le rendre hostile est un précédent artistique du mémorial. De même, son idée d'en finir avec un art de timbre-poste et d'investir des espaces réels urbains ou pas pour de nouvelles expériences esthétiques[83] ».

Adorno associe art authentique et résistance, art et critique sociale ; Smith, comme Ad Reinhardt, répond à ce programme.

---

[83] Voir ses célèbres déclarations sur son expérience en voiture sur une autoroute en construction, empruntée la nuit, dans son entretien avec Samuel Wagstaff jr. Cette expérience risquée, intense, nocturne, sans réelle visibilité, faite avec des étudiants dans le New Jersey est évidemment plus forte et intéressante que la contemplation d'une peinture ou d'une sculpture dont on surestime généralement l'impact émotionnel. Smith, en 1951, retrouve la force émotionnelle de la performance quand elle propose des expériences intenses aux spectateurs comme le firent Vostell ou Kaprow dans les années 1960. Il découvre aussi l'importance pour un artiste d'investir des espaces réels au-delà de l'architecture. De ce point de vue, il anticipe le Land art et les œuvres publiques des années 1990 qui investissent l'espace comme Serra et le mémorial d'Eisenman. Smith désigne des espaces qui correspondent à son expérience sur l'autoroute : « J'ai découvert plus tard en Europe des pistes d'atterrissage désaffectées, œuvres à l'abandon, paysages surréalistes, sans fonction, mondes fabriqués et sans tradition. » Tony Smith extrait d'un entretien avec Samuel Wagstaff jr, in *Art en théorie 1900-1990, Une anthologie* par Charles Harrisson et Paul Wood, Paris, Hazan, 1997, p. 819.

4/ Adorno, l'art abstrait et la *méthexis* aux ténèbres

Le monument à Berlin n'est pas l'expression de l'intériorité des artistes. Il est plutôt la décomposition objective de l'expression. En apparence, le mémorial n'exprime rien. Le mémorial ne ressemble pas à une œuvre d'art. Il a amputé les dimensions expressives et esthétiques de l'œuvre d'art. Adorno déclare que les seules œuvres qui comptent aujourd'hui sont celles qui ne sont pas des œuvres[84]. Cela s'applique tout particulièrement au mémorial. L'absence de couleur rejoint l'art sombre qui participe aux ténèbres dont parle Adorno[85]. L'idéal du noir est présent dans l'histoire de l'art abstrait. Le mémorial est l'un de ses chefs-d'œuvre. Les monochromes noirs de Reinhardt peuvent être lus comme un refus du monde et de sa subordination à l'utilitarisme déchaîné. Le monde, sa médiocrité et parfois sa monstruosité interdisent sa figuration. L'apparence comme mensonge n'est plus tolérée. L'infigurable dans le mémorial participe aussi à ce refus.

Les Stations de la croix de Barnett Newman appartiennent de même à la méthexis aux ténèbres, en cherchant dans leur nudité et leur silence à dire la souffrance incommensurable à laquelle l'humanité peut être exposée et notamment celle qui fut subie par les Juifs. L'abstraction ici inclut le cri expressionniste présent dans *Outcry* (1958) et les premières toiles presque vierges de la série des *Stations de la Croix* (1958). Ce cri n'est pas une lamentation mais une rébellion. En choisissant la souffrance paroxystique du Christ, Newman ne se rallie pas à la rédemption chrétienne. Son Christ, c'est celui de la souffrance, pas de la résurrection, celui de la question énigmatique « pourquoi mon dieu m'as-tu abandonné ? ». La question laisse entendre que le Christ, le fils de Dieu, ne croit plus à la nécessité et à la légitimité de son sacrifice pour la réparation des fautes de l'humanité. *Les Stations de la Croix* peuvent engager une réflexion théologique sur la Shoah. La croix

---

84 Adorno, *Philosophie de la nouvelle musique*, *op. cit*, p. 42.

85 Adorno, *Théorie esthétique*, *op.cit*, p. 66 et 67. « L'idéal du noir est du point de vue du contenu, l'une des plus profondes tendances de l'abstraction. »

de Newman n'est pas un symbole d'amour et de compassion comme pour les chrétiens. Elle est plutôt liée aux thèmes de la mort de Dieu, de l'éclipse de Dieu, de la catastrophe universelle et de la terreur mystique. Une telle orientation fait penser à la position de Wiesel bien que Newman ait opté pour un athéisme mystique. L'exclusion de la couleur dans la série des Stations de la croix a son précèdent célèbre, dit Newman, dans *Guernica* de Picasso. Il déclare : « Guernica avec un thème tragique et monumental de ce genre, ne pouvait pas utiliser la couleur : il l'a fait en noir, blanc, gris[86]. » Newman a bien l'histoire à l'esprit en réalisant *Les Stations.* Et son lien manifeste avec la kabbale juive de Louria indique aussi que *Les Stations* sont dédiées entre autres au peuple juif. Chagall a de son côté choisi aussi le Christ en croix, un Juif, pour dire la souffrance de son peuple dans de nombreuses œuvres à la même époque.

L'art sombre et radical de Rothko à la fin de sa production réfracte la noirceur sans limite du judéocide. Les derniers tableaux sombres de Rothko ne sont pas uniquement une expression de sa mélancolie. Ils reflètent aussi son pessimisme radical après Auschwitz. Rothko, invité à la documenta de Kassel, en 1959, propose de réaliser des fresques en hommage aux victimes juives. Il demande une chapelle pour l'exposition des œuvres ou à défaut une tente. La documenta n'a pas donné de réponse et le peintre abstrait n'a rien envoyé. Même les milieux de l'art moderne en Allemagne dans les années 1950 étaient timorés et dans le déni du judéocide[87].

Les monochromes gris de Richter sont bien distincts de la plupart des monochromes abstraits. Ils enregistrent l'histoire et non la fin de la peinture comme les monochromes de Rodchenko. Ces tableaux sont une mémoire des phases les plus sombres de l'Allemagne, le judéocide, l'esclavage et la criminalité nazie, la dictature de la RDA, le terrorisme allemand de la bande à Baader.

---

[86] Newman cité par Éric Valentin, *Barnett Newman. Splendeur et horreur absolue,* Paris, L'Harmattan, 2014.

[87] Sur ce point et l'académisme de l'art abstrait allemand après 1945, voir Andrea Lauterwein, *Essai sur la mémoire de la Shoa en Allemagne fédérale (1945-1990)*, éditions Kimé, 2005.

Une peinture colorée et figurative de Richter représente sa fille lumineuse dont le visage est tourné vers un fond gris[88]. Ce fond est en fait une photographie d'un monochrome gris. L'artiste semble inciter sa fille à regarder ces phases grises de l'histoire de l'Allemagne. Le monochrome voile le réel, mais pas pour dire que ce réel est infigurable, mais plutôt énigmatique et à déchiffrer patiemment. Comme le dit Rautenberg, à propos du mémorial de Berlin, « l'insondable est sondé, l'inimaginable est imaginé[89]. »

L'art abstrait a su échapper à sa fuite du réel qui est inscrite dès les avant-gardes en 1920. La mysticité de Malevitch et de Mondrian contient un déni forcené du réel. Le progressisme du constructivisme russe et européen et son adhésion aveugle à la modernité industrielle trahissaient de même un manque de conscience historique et politique après la Première Guerre mondiale.

La *méthexis* aux ténèbres de l'art abstrait lui rend sa pleine humanité en associant l'art à l'expression de la souffrance historique et sociale. Il témoigne par son mutisme tragique. Le silence du mémorial désigne cette souffrance sans voix. Eisenman parle du « silence de l'excès » à propos de son mémorial. Il y a une affinité du mémorial avec les deux œuvres en fil de fer barbelé réalisées par Newman pour dénoncer l'antisémitisme du maire de Chicago.

Serra a réalisé plusieurs œuvres liées au judéocide. Une grande plaque d'acier a été installée dans le musée de l'holocauste à Washington. Elle signe et rappelle, par la césure spatiale qu'elle produit, la sélection à l'arrivée d'Auschwitz entre les Juifs destinés à être gazés immédiatement et ceux qui pourront survivre peut-être quelques semaines dans les camps de concentration d'Auschwitz. Les grandes lames d'acier de Serra peuvent avoir des significations. Le sculpteur a aussi réalisé une œuvre (1992) en hommage à Primo Levi et spécialement à son ouvrage *Les Naufragés et les rescapés.* La sculpture composée de deux L s'équilibre, comme si

---

[88] Voir le tableau *Betty*,1988.

[89] Hanno Rautenberg, "Building site of Remembrance", *Holocaust Memorial Berlin,* Zurich, Lars Muller Publishers, 2005.

Serra avait voulu dire que naufragé et rescapé sont solidaires[90]. Les naufragés détiennent le secret du plus horrible des camps de concentration et d'extermination et les rescapés essaient de surmonter l'indicible en témoignant[91].

En regardant le mémorial de Berlin, on peut penser à la déclaration de Langbein à propos de la masse grise des prisonniers anonymes d'Auschwitz. La zone grise dont parle Levi a pu être aussi à l'esprit de Serra. Levi écrit : « Le microcosme du *Lager* réfracte le macrocosme de la société totalitaire[92]. » Dans le cas du mémorial, la zone grise ne désigne pas des prisonniers des camps, mais les différents degrés de culpabilité et de complicité des Allemands dans le judéocide. Incontestablement, les complicités furent massives à différents degrés. Crista Wolf écrit : « Il suffisait de lire les journaux pour être informé des discriminations visant les Juifs[93]. » Les élites allemandes et les Églises catholiques et protestantes n'ont fait aucune opposition à ses discriminations et à la déportation des Juifs allemands. L'indifférence populaire ou l'antisémitisme notamment des élites et de la petite bourgeoisie ont laissé faire. Gellately dit que beaucoup d'ouvriers se sont ralliés au régime après la baisse importante du chômage dans les années 1930[94]. Il note qu'il n'y a pas eu de purge dans la police en 1933, excepté les Juifs ; les polices étaient ajustées d'emblée à la politique nazie. Les dirigeants de la police pour la plupart sont des antisémites radicaux. Les Allemands sont informés de l'existence des camps de concentration[95]. Dès 1933, les autorités judiciaires collaborent avec la Gestapo. Les autorités régionales et locales sont très intéressées par la politique de répression des Tsiganes. Pierre Ayçoberry remarque que le parti nazi devient dans les

---

[90] L'œuvre a une composante autobiographique. La mère de Serra, Juive d'origine russe, s'est suicidée en se noyant. Elle a été profondément heurtée par le judéocide, bien qu'elle soit à l'époque à San Francisco.

[91] L'exposition a eu lieu dans une synagogue rescapée de la Nuit de cristal, la synagogue Stommeln de Pelheim, transformée en lieu d'exposition de l'art contemporain.

[92] Primo Levi, *Les naufragés et les rescapés, Quarante ans après Auschwitz,* trad. A. Maugé, Paris, Gallimard, 1989, p. 47.

[93] Christa Wolf citée par Gellately, *Avec Hitler. Les Allemands et leur führer,* trad. P.E. Dauzat, Paris, Flammarion 2003, p.19.

[94] Gellately, *op.cit.,* p. 30.

[95] *Ibid.,* p. 75.

années 1930 de plus en plus populaire, notamment auprès des femmes[96]. Le grand patronat ne résiste pas ou peu à la collaboration intéressée avec les nazis. Les industriels, avec carte du parti, se multiplient avec l'entrée en guerre. L'historien parle d'une « collaboration des industriels avec les aspects les plus ravageurs du régime[97] ». Les industriels réclament des prisonniers aux SS. Des médecins militaires et des chercheurs utilisant des cobayes humains (Juifs et Tsiganes) ont parfois des fonctions prestigieuses dans les universités allemandes et les centres de recherche.

[96] Ayçoberry, *La société allemande sous le IIIe Reich, 1933-1945*, Seuil, 1998, p. 290.
[97] *Ibid.*

5/ Land art, modernité et catastrophe

Serra fut l'ami de Smithson, artiste majeur du Land art. Il collabora à la réalisation de *Spiral Jetty*. Après la mort prématurée de Smithson, il acheva sa dernière œuvre *Amarillo Ramp* avec Heizer et Nancy Holt, à partir des dessins réalisés par Smithson. L'investissement de l'espace réel, naturel ou urbain par Serra a l'une de ses inspirations dans les travaux passionnants de Smithson. L'artiste, pour réaliser ses œuvres, choisissait des sites bouleversés par l'industrie, ou des sites urbains en déshérence. Une maquette de Smithson représente *Pine Barrens* (1968), un ancien aéroport dans le New Jersey évoquant la destruction du tissu urbain. La maquette peut faire penser au mémorial de Berlin.

Le Land art de Smithson ne préconise pas un retour à la nature. Le mémorial de Berlin, proche du Tiergarten, exclut la nature. En mimant la rationalité instrumentale, il était logique que la nature ne soit pas prise en compte puisque cette rationalité est hostile à la nature. Le Tiergarten a été assimilé souvent à un espace forestier. La forêt est un emblème de l'identité nationale allemande. Il est aussi un espace mémoriel important. Le mémorial d'Eisenman favorise une réflexion critique sur cet espace mémoriel central dans le Berlin réunifié[98].

Le site du monument a son emplacement dans les anciens jardins des ministères du Troisième Reich qui furent bombardés et détruits au moment de la chute de Berlin. Le lieu est devenu un non-site au sens de Smithson. Un vide urbain, un espace traumatique, un espace lié à l'entropie historique et urbaine est à l'origine du mémorial. L'art de Smithson est lié à une logique anti-monumentale, comme il l'a expliqué dans son texte « Les Monuments de Passaic[99]. » Les monuments dans le texte de l'artiste sont dérisoires : un pont ordinaire désigné comme « un monument des directions désarticulées », un bac à sable, des canalisations obscènes baptisées « Fontaine » qui font penser au baptême

[98] Voir Jonathan Gaquère, « Centralité et métropolité du Tiergarten de Berlin », in *Allemagne d'aujourd'hui* n° 221, juillet/ septembre 2017, p.167-179.
[99] Robert Smithson, « Les Monuments de Passaic » [1967], *Artforum*, décembre, New York.

parodique, par Duchamp, d'un urinoir. Le paysage urbain dominical de cette ville industrielle « livide » est radicalement prosaïque. Smithson propose comme nouvelle image de l'infini, pour cette cité désertifiée, un parking sans fin. L'infini n'a plus aucune sacralité. C'est un espace plat et trivial. Des machines au repos sont comparées à des monstres antédiluviens, « des dinosaures mécaniques dépouillés de leur peau ». La modernité industrielle a une composante préhistorique, archaïque et barbare.

La célèbre *Spiral Jetty* est associée à un cyclone immobile. Les monuments de Passaic sont l'image d'un espace entropique et d'un désastre. « Le paysage est fait d'immortalité ratée et de grandeur oppressante. » C'est un panorama zéro qui contient des ruines à l'envers. Un bac à sable dérisoire clôt la liste des monuments dépressifs et sinistres. Il y a dans le texte de Smithson, un aspect visionnaire paradoxale. La banalité du paysage industriel lié à l'ennui et à une médiocrité débilitante, hanté par un infini désacralisé et vide peut s'accompagner d'une métamorphose. Le bac à sable, monument de la mémoire infantile, devient « un désert exemplaire ». « Sous la lumière morte de l'après-midi de Passaic, le désert devint une carte de désintégration et d'oublis infinis. Ce monument de particules minuscules flamba sous le soleil morne et rutilant et suggéra la dissolution renfrognée de continents entiers, le tarissement des océans.[100][ ] « À la fin, le bac à sable se dédouble en tombeau ouvert ». Le monde pour Smithson est sous l'emprise d'une érosion, d'un glissement de terrain, d'un éboulement. C'est « un monde décoloré, fracturé[101] ». Rongé par la rouille, le monde de l'industrie lourde s'effondre. La technique et ses machines ne sont plus des promesses d'un monde meilleur, mais les voies d'une régression archaïque et inhumaine. En refusant les miracles de la technologie, l'artiste se familiarise « avec les moments corrodés, les états carbonifères de la pensée, les craquèlements de la boue mentale, dans le chaos géologique, dans les strates de la conscience esthétique[102] ». Le retour à l'origine n'est plus une promesse d'Éden, un âge d'or dans la spéculation lugubre de

---

[100] Smithson, « Les monuments de Passaic », art. cit.
[101] Smithson, "Une sédimentation de l'esprit : Earth projects", *Art Forum,* New York, 1968, p. 944.
[102] *Ibid.*, p. 947.

Smithson, mais plutôt un enlisement dans les boues de l'origine du monde. Le regard de l'artiste se focalise sur « un nombre abyssal de fissures[103]. »

Le mémorial d'Eisenman s'apparente à cette vision d'une modernité hantée par la barbarie.

Le prosaïsme des blocs de béton rompt avec toute tentation du monument à l'emphase et à la sublimation. Ces blocs, souvent des piliers, sont des ruines à l'envers, c'est-à-dire des constructions qui sont des ruines avant même d'être édifiées. Le mémorial est aussi un espace entropique. Le rejet, par ses détracteurs, de la monumentalité du mémorial, et de son étendue spatiale, confirme que l'œuvre d'Eisenman et Serra n'a pas été comprise. L'anti-monumentalité des monuments de Passaic est inscrite dans le mémorial de Berlin sous une forme inédite.

Il y a pour Eisenman et Serra une affinité entre la modernité industrielle et le judéocide. Cette Affinité a été mise en évidence de manière partielle par Zygmunt Bauman dans son écrit *Modernité et Holocauste*[104]. Peut-être en pensant à son œuvre la plus célèbre *Spiral Jetty*, Smithson a déclaré qu'il était séduit par l'idée qu'une catastrophe silencieuse est en train de se produire. On verra que c'est en fait ce qui se trame dans le mémorial d'Eisenman. Son œuvre est en effet l'image cryptée d'une catastrophe qui suggère que l'histoire est devenue, comme le déclare Adorno, une machine infernale. Horkheimer écrit que la dialectique de la raison consiste pour l'essentiel dans le retournement de la lumière en ténèbres[105]. Le mémorial est une image de ce retournement. Durant la guerre, le nazisme met toutes les Lumières de la modernité au service de la destruction. Les technosciences, dans le cadre d'une guerre moderne totale, pervertissent les acquis de la connaissance en inventant de nouvelles manières de faire souffrir et mourir. Serra a réalisé à

---

[103] *Ibid.*

[104] Zygmunt Bauman, *Modernité et Holocauste*, trad. P. Guivarch, Paris, éditions de la Fabrique, 2002.

[105] Max Horkheimer, *Notes critiques* (1949-1969), trad. S. Cornille et Ph. Ivernel, Payot, 1993, p.187.

Berlin une œuvre en mémoire de l'opération T4 dont l'objectif était l'assassinat par des gazages des handicapés physiques et mentaux, d'abord du Reich et ensuite de la Pologne occupée. Les médecins de cette opération se retrouveront parfois à l'origine des centres de mise à mort des Juifs comme Belzec. Wirth est le chef et le créateur de Belzec. Il a participé au programme T4 comme médecin. Il fut l'inspecteur des centres de mise à mort de l'opération Reinhardt. Des gardiens de ces camps ont participé au programme T4. La sculpture de Serra à Berlin qui commémore l'opération T4 a été critiquée. Deux plaques d'acier pesantes, angoissantes laissent un passage étroit créant un malaise avec leurs plans inclinés comme si les plaques pouvaient s'effondrer. Elle est trop muette et semble peu adaptée au site. Un autre monument lui a succédé plus explicite, plus visible sans être original et vraiment marquant.

Des œuvres du Land art et des maquettes ont pu être des sources d'inspiration du mémorial d'Eisenman. Rauterberg a bien vu ce lien entre le monument d'Eisenman et le Land art[106]. On l'a vu, une maquette de Smithson n'est pas sans ressemblance avec le monument berlinois. On peut relever aussi une affinité avec la maquette d'un labyrinthe réalisé par Morris (voir *Labyrinthe,* 1974). Un projet de Morris est proche du mémorial d'Eisenman. Il s'agit d'un dessin dans lequel il y a un alignement à intervalle régulier de blocs de granit. (Voir *Étude pour le Parc Jacques Cartier*, 1970) ; voir aussi *Ottawa Project* (trois à neuf fentes alignées sur la position du soleil levant au solstice d'été et d'hiver). On retrouve l'alignement de blocs de granit vaguement géométriques.

Morris a aussi réhabilité le site d'une mine à ciel ouvert, en signalant son intention de ne pas faire une œuvre idyllique qui masque la dévastation industrielle. Oppenheim, de son côté, a réalisé, en 1970, *Maze* qui est le diagramme à grande échelle d'un labyrinthe de rats de laboratoire tracé sur un champ. On a souvent comparé le mémorial à un labyrinthe. Eisenman récuse cette comparaison. Il dit, de manière plutôt ironique, qu'il ne s'agit pas de s'en sortir. En effet, le mémorial n'a rien à voir avec une issue heureuse. Il considère aussi que son mémorial est novateur et que

---

[106] Hanno Rauterberg, *Holocaust Memorial Berlin, op.cit.*

le labyrinthe est une organisation de l'espace trop répertoriée et traditionnelle. On ne perd jamais de vue, quand on est dans le monument, les rues adjacentes ou des édifices de la Pariser Platz. Il n'y a pas de fil d'Ariane dans l'espace singulier de cette œuvre.

Le mémorial appartient à ce que Krauss appelle « la sculpture dans le champ élargi », en pensant aux artistes du Land art, du minimalisme et à Serra[107]. Eisenman considère son mémorial comme de l'architecture et du paysage, un segment de paysage urbain.

Les antécédents de ce champ élargi sont les labyrinthes, les jardins, les lieux de procession rituels, des terrains de jeux. Le mémorial est un champ sculptural. Serra et ses sculptures dans le paysage sont liés aux jardins secs japonais.[108] Faire un jardin signifie en japonais dresser des pierres, ce que fait le mémorial. La sculpture crée enfin son propre espace en se libérant de l'objet occupant un espace sans se spatialiser. Un bel exemple de ce champ élargi est donné aussi par Buren avec les colonnes du Palais royal à Paris qui ont fait l'objet de polémiques mémorables.

Le champ élargi peut devenir une cité comme les *Complex I, II, III* de Heizer réalisés dans le désert du Nevada, un lieu d'essais nucléaires. Ces complexes architecturaux aux formes minimalistes, évoquant parfois des bunkers, relèvent aussi de la sculpture en béton armé et terre compactée. Il s'agit d'une cité fantomatique, inhabitable, qui est, selon Heizer, une cité vide post-nucléaire et qui doit pouvoir suggérer un effroi quasi religieux, comme la terreur mystique désignée par Otto[109]. *Complex III,* avec ses volumes minimalistes, est l'ensemble sculptural en acier, béton et terre, le plus proche du mémorial d'Eisenman. La terreur est aussi immanente au mémorial d'Eisenman. Elle n'est pas religieuse mais sociale et historique. La cité du sculpteur américain Heizer s'inspire de l'architecture précolombienne et des mastabas égyptiens. Le monde contemporain et ses techniques nucléaires sont hantés par une régression archaïque dans la cité spectrale de

---

107 Krauss, « La sculpture dans le champ élargi », in *L'Originalité de l'avant-garde*, *op.cit.*

108 Voir Fabien Faure, *Richard Serra. Ma réponse à Kyoto*, Éditions Fage, Lyon, 2008.

109 Rudolf Otto, *Le sacré,* trad. A. Jundt, Paris, Payot 1995.

Heizer qu'il interprète comme une image de la fin de la civilisation. On retrouve cette composante archaïque dans le mémorial d'Eisenman qui est lié à une modernité catastrophique. La cité de Heizer est liée aux angoisses de la Guerre froide et à l'idée d'une apocalypse nucléaire, encore possible aujourd'hui. Le mémorial d'Eisenman n'exclut pas non plus une telle apocalypse, rendue d'autant plus crédible que la Shoah a traduit un mépris sans précédent de la vie humaine. Eisenman ne suit pas dans son mémorial le goût du colossal de Heizer.

Des œuvres de Serra créent aussi délibérément du malaise comme *Torqued ellipses* (1997). Avec *Delineator* (1974-75), Serra propose deux plaques d'acier, l'une au plafond l'autre en dessous, au sol. Il est demandé au spectateur de se placer au cœur de l'œuvre. L'angoisse est assurée. Serra ici se réfère aux Croix noires de Malevitch, notamment celles qui traduisent une angoisse plutôt qu'une utopie chrétienne. Plusieurs œuvres des années 1960 de Serra sont liées à l'idée de déséquilibre et de chute, en opposition à une abstraction européenne qui valorise la composition et l'équilibre. Serra a aussi déclaré s'intéresser à concevoir des anti-environnements.

6/ Dystopies urbaines

Le Mur de Berlin, proche du mémorial, aurait dû être en partie conservé en tant qu'architecture de la Guerre froide et en tant qu'exemplaire de la violence architecturale. Le Mur a été consacré comme architecture par un architecte déconstructiviste, Rem Koolhaas. Le mémorial d'Eisenman a une parenté avec le Mur de Berlin tel qu'il est envisagé par Koolhaas. L'architecte néerlandais fait du Mur un paradigme de l'architecture associant beauté et horreur. En 1971, dans son étude du Mur, Koolhaas propose une déclinaison morphologique des états du Mur. Le Mur devient le symbole d'une architecture qui sépare, enferme et emprisonne. Le Mur est une architecture schizophrénique et paranoïaque qui dédouble Berlin et l'Allemagne et l'expose à une angoisse constante. La réalité du Mur, sa longueur et sa nocivité, dépasse la fiction, celle du *Monument continu* de Superstudio qui est la référence du jeune Koolhaas pour sa conception du Mur de Berlin[110]. Le *Monument continu* de Superstudio est un édifice en forme de grille qui s'étend sur toute la surface de la terre et traverse des villes, par exemple New York[111]. Ce mur continu inhabitable est blanc comme les carrelages hygiéniques des morgues. Superstudio entend proposer dans son architecture sur papier une surenchère sur le rationalisme oppressant de l'urbanisme moderniste, représenté par exemple par Hilberseimer[112] ou par le projet pour São Paulo de Le Corbusier (1936). Superstudio dans ses collages dénonce l'inhumanité de la construction rationaliste et fonctionnaliste moderniste d'après-guerre, notamment en Europe. « Les douze villes idéales par Superstudio constituent un univers de folie absolue[113]. » L'individu n'a plus de contact avec l'extérieur, « il est incarcéré entre des murs lisses et astiqués, dans le silence

---

[110] Le mur entourant Berlin Ouest faisait 165 kilomètres. Superstudio est une agence d'architecture florentine fondée en 1966 (architectes : Natalini et Toraldo di Francia.)

[111] Voir Superstudio, *Il monumento continuo*, 1969.

[112] Voir L. Hilberseimer, *Vorschlag zur City Bebauung*, 1928.

[113] Branzi, cité par Dominique Rouillard, *Superarchitecture. Le futur de l'architecture 1950-1970*, Paris, Éditions de la Villette, 2004, p. 317

d'espaces vides, identiques à l'infini[114]. » Il s'agit d'une parodie de la machine à habiter de Le Corbusier. Les *Histogrammes d'architecture* de Superstudio en 1969 peuvent s'apparenter au mémorial d'Eisenman avec ses volumes minimalistes carcéraux, recouverts de grilles et dressant une zone labyrinthique (Voir *Istogrammi d'architettura), « La série Misura » avec G. P. Frassinelli).*

Archizoom est un autre courant dans une logique similaire qui montre l'aspect intolérable du sérialisme de la construction architecturale[115]. Un photomontage montre une série de barres inhabitables qui coupe Berlin en plusieurs parties. Le Mur est dupliqué à l'infini. La communication entre les différentes zones se fait par des autoroutes. Archizoom se fait l'expression ironique des aberrations urbaines des années 1960, notamment l'extension urbaine anarchique ou la grille cartésienne appliquée aux nouvelles villes reconstruites ; la production massive du commun est dénoncée, la ville devenant « une chaine de montage du social ». L'urbanisme et l'architecture liquident l'individu et sa singularité ou le forcent à une socialisation répressive. La critique du logement de masse, après la guerre, est ici manifeste. Superstudio et Archizoom représentent toutes les tares de l'architecture et de l'urbanisme de l'après-guerre en les amplifiant. *No-stop city* (1969-70) présente en coupe un immeuble moderniste sous terre avec des cellules uniformes. *No-stop city* est une critique de l'étalement urbain qui détruit la ville et toute urbanité.

Hollein est lié aussi à ces courants critiques du modernisme. Dans un photomontage, il représente Copenhague sous une nappe de béton. Seuls quelques clochers émergent[116]. Vostell propose aussi des photomontages de ville infernale comme son *Projet des environs de la Cathédrale de Cologne* ceinturée et traversée par des autoroutes (1967). Des œuvres représentent des cartes bétonnées de la RFA, comme pour signifier l'inertie de la RFA par rapport à son passé nazi. Arendt a fait remarquer que si l'administration de la RFA avait été dénazifiée, il n'y aurait plus eu

---

[114] Dominique Rouillard, *op.cit.*, p.318.

[115] Archizoom est une agence de design à Florence, fondée en 1966. Elle est composée de 4 architectes : Branzi, Corretti, Deganello, Morozzi et deux designers Lucia et Dario Bartolini.

[116] Voir Hans Hollein, *Project für Copenhagen* (1969).

d'administration Adenauer[117]. Un dessin de Vostell (Paris-Béton, 1970) fait allusion à la construction moderne négative de la capitale française. L'épaisseur du béton a la hauteur de la tour Eiffel.

Suivant une logique dystopique, Isozaki avec *Electric Labirinth* en 1968 présente dans un photomontage, les mégastructures ruinées d'une ville future sur le site d'Hiroshima. Isozaki a enregistré le sens de l'œuvre de Kenzo Tange à Hiroshima. Le *Cénotaphe du Parc de la Paix* est une arche inclinée en béton (1952), qui fait référence à des toits de l'architecture japonaise des maisons de la période Kofun. Dans l'axe de la sculpture, on voit le Dôme ovale de la Bombe Atomique (Dôme de Genbaku), l'édifice célèbre avec son ossature d'acier et sa façade calcinée qui est l'un des rares bâtiments subsistants dans le centre de la ville. Nogushi qui a réalisé une première version de la sculpture, a donné à l'arche la forme du dotaku (cloche japonaise). Tange qui l'a relayé dans la production de l'œuvre, lui, se réfère au Haniwa et notamment à des cylindres de terre cuite liés aux cultes funéraires de l'époque du Kofun et à ses tertres funéraires du 3e au 6e siècle. L'arche et son cylindre sont axés sur le dôme qui peut alors suggérer un tertre funéraire. Le mémorial est une composition sculpturale et architecturale. Le Dôme devient un monument funéraire. L'arche fonctionne comme un *Trou de serrure* donnant à voir le Dôme, allusion aux célèbres tertres funéraires japonais en forme de serrure colossale dessinée sur le sol.

Le mémorial d'Eisenman, qui a été immédiatement associé à une nécropole, est « un monument continu » virtuel lié à la folie nazie. Eisenman est proche de Sottsas dont « l'objectif architectural et urbain était d'aller vers la paranoïa pure, la débâcle visuelle, psychique et culturelle totale[118] ». Le mémorial d'Eisenman laisse entrevoir cette logique infernale qui était inhérente à l'hitlérisme. Le monument continu de Superstudio est une critique de la monumentalité de l'architecture moderniste liée notamment aux gratte-ciels. « Le catalogue des villas de Superstudio, écrit Rouillard, propose une architecture autiste, sans caractère ni

---

[117] Voir Arendt, *Eichman à Jérusalem*, trad. A. Guérin, M. Leibovici, Gallimard, 2002, p.67.

[118] Sottsas cité par Dominique Rouillard, *op.cit.*, p. 373.

symbole ». *La cité 2000 tonnes* (1971) présente des murs qui découpent le paysage en vastes carrés.

Avec sa consécration paradoxale et ironique du Mur de Berlin en tant qu'architecture, Koolhaas annonce son essai, particulièrement brillant, intitulé *New York Délire,* qui conçoit le gratte-ciel de Manhattan comme une architecture schizophrénique et paranoïaque, en s'inspirant de Dali et de sa méthode paranoïaque-critique.

Le mémorial d'Eisenman, qui est une grille à grande échelle, est d'une certaine manière un « monument continu ». Le mémorial n'a pas de clôture, et la trame des blocs de béton pourrait être indéfiniment déployée. Elle est virtuellement sans limite. Ce qui se profile, dans le sillage de l'anti-architecture des années 1960, c'est un monument catastrophique qui se fait la mémoire de la violence sociale et historique et qui anticipe un désastre possible à venir. L'art comme le voulait Adorno est l'expression du désastre. Derrida fait remarquer qu'Eisenman ne mène pas uniquement une lutte contre l'architecture lié à la métaphysique de la présence mais aussi une lutte culturelle et politique. Eisenman à ses débuts, en recherchant une architecture pure délivrée par exemple de toute symbolique, s'exposait au solipsisme. C'est en réintroduisant une sémantique des structures qu'il est resté capable de s'ouvrir au sens, et aux autres arts comme la sculpture minimaliste, l'art conceptuel, le Land art ou à d'autres domaines comme la linguistique de Chomsky ou la philosophie notamment celle de Derrida, Deleuze et Foucault.

7/ Monument *IN SITU*

Blocs de béton, bunkers et brutalisme

Le site du mémorial, avec ses nombreux blocs de béton, peut rappeler les anciens bunkers des ministères du Reich qui environnaient le lieu et notamment celui de la villa de Goebbels, le bunker de l'Hôtel Adlon (lieu mondain nazi), le bunker du ministère des Affaires étrangères, le bunker de l'alimentation et de l'agriculture, le bunker du führer.

Finalement, la contribution du nazisme à l'architecture se limite à la construction démesurée d'une série de bunkers en Europe. Une architecture au service de la guerre et de la mort est peut-être le legs culturel majeur du troisième Reich. Eisenman serait résolument opposé à la sacralisation des bunkers, entreprise par Virilio et Parent avec leur chapelle à Nevers[119]. Virilio écrit : « Toute une série de réminiscences culturelles me saisirent : les mastabas, les tombes étrusques, les structures aztèques [...] comme si cet ouvrage d'artillerie légère s'identifiait aux rites funéraires, comme si l'organisation Todt n'avait su organiser qu'un espace religieux[120]. » La sacralisation de la violence et de la mort qui est en jeu dans cette lecture est bien la dernière chose à faire. La brutalité que connotent les piliers ou les blocs de béton du mémorial d'Eisenman récuse les versions aseptisées du judéocide qui font l'économie d'un regard sur les violences subies par les Juifs, violences qui sont au centre des récits des survivants des ghettos, des centres d'extermination, et des camps de concentration. Cette allusion au bunker peut rappeler le bloc 11, une prison du camp central d'Auschwitz qui est appelé le Bunker.

---

[119] Cette chapelle remarquable échappe aux intentions de ses auteurs. D'autres significations sont possibles sans sacraliser les bunkers. Par exemple, on peut penser qu'elle est la métaphore de la religiosité sur son déclin, obligée de se terrer dans un bunker. Ou encore, la chapelle, ayant la forme d'un bunker, est le paradigme de l'architecture à l'âge nucléaire. L'œuvre exprime aussi les liens ancestraux de la religion et de la terreur, comme l'a montré Rudolf Otto.

[120] Virilio, *Bunker Archéologie*, Les éditions du Demi-Cercle, 1994, p. 11

Des chambres à gaz à Auschwitz ont en guise d'ouverture des portes blindées de bunkers.

Eisenman a conçu en 1996, à Vienne, un projet pour la mémoire des Juifs autrichiens assassinés par les nazis[121]. Sur le sol de ce monument, il a inclus une copie agrandie et tridimensionnelle d'une photographie aérienne des baraquements d'Auschwitz-Birkenau[122]. Son œuvre étroitement liée au sol montre une palissade en acier s'effondrant. Le monument dialogue avec une statue de Lessing, plutôt conventionnelle, sur la place. L'auteur de *Nathan le sage*, interdit sous le Troisième Reich, est un défenseur de la tolérance religieuse, de la philosophie des Lumières, du spinozisme et le maître et l'ami de Moses Mendelssohn. Le mémorial d'Eisenman à Vienne traduit l'échec de cette symbiose exceptionnelle entre Juif et Allemand.

On peut aussi voir les blocs du mémorial berlinois comme la reproduction en trois dimensions d'une célèbre photographie aérienne des baraques et constructions d'Auschwitz-Birkenau, incluant notamment les crématoires et les chambres à gaz. L'alignement des blocs, les intervalles réguliers, les parallélépipèdes ressemblent aux bâtiments vus du ciel. Le mémorial est une maquette à grande échelle d'un fragment d'Auschwitz-Birkenau, le centre de mise à mort des Juifs[123]. De manière implicite, le mémorial associe au modèle fonctionnaliste de la ville les bâtiments uniformes des camps de concentration. Libeskind avait lui-même noté son intérêt pour les constructions des camps de Ravensbrück et de Sachenhausen représentant pour lui la quintessence du modèle fonctionnaliste de la ville réalisée par des architectes ayant suivi des principes du Bauhaus[124].

---

121 Le concours a été remporté par Rachel Whiteread. Elle a réalisé un petit édifice en béton, clos et impénétrable. Le bloc de béton imite les rayonnages d'une bibliothèque. Les livres sont présentés sur la tranche à l'envers. Aucun titre n'est lisible. Le titre est : *La Bibliothèque sans nom,* dédiée aux 65 000 Juifs autrichiens tués par les nazis. L'œuvre est une métaphore de la disparition du peuple du Livre, hantant l'ancien quartier juif de Vienne.

122 Voir Eisenman, *Vienna Memorial to Jewish Victims*, 1996.

123 Voir photo aérienne de Birkenau prise par la Royal Air Force le 23 août 1944. La photo inclut les crématoires et les chambres à gaz.

124 Marianne Brausch et Marc Emery, *L'Architecture en questions. 15 entretiens avec des architectes,* Le Moniteur, 1996, p. 148.

Le site du mémorial avant la construction était un *no man's land* proche du célèbre Mur de Berlin et de la Bande de la mort. Dans le mémorial, la succession des blocs constitue des séries de murs. Si Berlin a su se faire la mémoire d'une partie des victimes du nazisme et notamment les Juifs et les Tsiganes, par certains aspects, elle instaure des oublis et des falsifications historiques, comme on le verra. Le mur de Berlin, aujourd'hui n'existe plus. L'Allemagne cherche à oublier la Guerre froide, et surtout sa division d'après-guerre qui a réduit sa puissance.

Les nombreux blocs de béton du mémorial suggèrent un courant architectural : le brutalisme. Selon Rubio, le brutalisme en Angleterre, notamment à Londres, serait de manière inconsciente une défense *a posteriori* contre les traumatismes du *Blitz.* Rubio ne manque pas de faire un lien entre les bunkers et certains édifices londoniens construits dans les années 1950 et 1960 comme par exemple la massive et compacte Hayward Gallery en 1968 et « sa meurtrière horizontale citant presque explicitement la gueule des bunkers[125] ». Le style forteresse de certains bâtiments doit aussi être interprété comme une architecture défensive sur le plan symbolique dans le cadre de la Guerre froide. Rubio interprète ce brutalisme comme une catharsis. Il écrit : « À Barbican [...] le brutalisme trouve son échelle, la plus sauvage[126]. » Un autre exemple d'architecture liée à la terreur est donné par Hollein en 1963, dans un photomontage représentant un wagon blindé colossal et hors-échelle ressemblant à un sarcophage géant, qu'il présente comme un monument dédié aux victimes de l'Holocauste. Dans plusieurs photomontages, Hollein a associé l'architecture à la terreur. Avec Pichler en 1963, il associe dans des photomontages d'énormes machines technologiques et des monuments massifs archaïques[127]. La modernité a une composante archaïque alarmante, la technique rejoint une sacralité menaçante. (Voir *Exposition Architektur*)

---

[125] Emmanuel Rubio, *Vers une architecture cathartique (1945-2001)*, Éditions donner lieu, 2011, p. 59.
[126] *Ibid.* p. 64.
[127] Voir H. Hollein et W. Pichler, exposition *Architektur* (1963).

Académie des beaux-arts (Günter Behnisch)

Plusieurs édifices, proches du site du mémorial, peuvent dialoguer avec le monument. Le plus impliqué peut-être est l'académie des beaux-arts de Behnisch sur la Pariser Platz. L'intérieur du bâtiment est inspiré des Prisons de Piranèse, une objection de plus à Speer. L'architecte baroque est une référence historique d'Eisenman[128]. Piranèse bouleverse dans ses prisons la vision rationaliste de l'espace. Il crée des perspectives à points de fuite multiples, il introduit un hors-échelle menaçant, crée des espaces vertigineux, disloque la vision. Comme dans le mémorial, la représentation d'un tout unitaire est impossible[129]. Le thème des prisons hors- échelle renvoie au mémorial et à ce qu'il suggère : la monstruosité des camps de concentration et des ghettos devenant une institution majeure et proliférante du nazisme. Les Prisons de Piranèse créent une architecture liée à l'effroi et la mort, radicalement hostile aux proportions et aux harmonies du classicisme. Le mémorial pareillement connote la mort et la terreur, avec ses blocs massifs de béton et surtout son espace traumatique. La mort a rarement sa place dans l'histoire de l'architecture, avant Piranèse ; on peut retenir Michel Ange dans la Bibliothèque laurentienne et à un moindre titre, l'architecte Julio Romano au Palais du Té à Mantoue. Dans les années 1960, il y a une résurgence de ce lien rare entre mort et architecture dans les œuvres d'Archizoom, d'Archigram, de Hollein et de manière moins consciente dans le brutalisme européen. Yourcenar, dans *Le Cerveau noir de Piranèse,* parle d'une œuvre hallucinée. Les gravures semblent montrer des instruments de torture plus que des outils de construction. Des supplices sont suggérés. L'architecte romain montre le refoulé du classicisme et du néo-classicisme. Pareillement, le mémorial en introduisant le chaos dans l'ordre, en s'interdisant d'édifier et de construire, en subvertissant l'espace strié deleuzien par un espace lisse, nomade, intensif, prend à revers l'idéal néo-classique d'Hitler. Le dictateur allemand avait l'habitude de se rendre, par

---

[128] Eisenman a participé à la biennale de Venise en 2012 avec une œuvre intitulée : *Piranèse variations* (une maquette).

[129] Eisenman, « Déplier la vision » 1992, art.cit., *Marnes,* tome 1, Paris, éditions de la Villette, 2010, p. 395.

les jardins des ministères, de la chancellerie à l'Académie des beaux-arts pour rencontrer son architecte Speer et admirer la maquette de son nouveau Berlin, Germania. Les anciennes salles d'exposition de l'académie des beaux-arts contenaient la maquette du nouvel axe Nord-Sud de Germania faisant 5 kilomètres, avec la Grande halle et l'arc de triomphe.

Sur cet arc de 120 mètres, Hitler voulait que soient gravés dans le granit les noms des 1,8 million de soldats allemands morts de la Première Guerre mondiale. La Grande halle devait avoir une hauteur de 290 mètres et pouvoir contenir 150 000 personnes debout. Speer écrit : « Le volume intérieur faisait dix-sept fois celui de la basilique Saint-Pierre[130]. » Hitler demande à ses constructions de traduire sa volonté d'ordre. Sa nouvelle capitale était indifférente aux questions sociales. L'essentiel qui l'intéressait relevait de l'apparat. Pour Speer, l'architecte de Hitler, les références du nouvel axe étaient égyptiennes ou babyloniennes. La mégalomanie impériale était à son comble. En principe, pour Hitler, les bâtiments officiels devaient plutôt épouser le style néoclassique. Le mémorial d'Eisenman est l'antithèse de ce style. Sinon, la politique architecturale de la période nazie n'est pas très distincte de celle de la République de Weimar. Les architectes nationaux populistes n'ont jamais dominé après 1933. L'architecture de la période nazie est en fait éclectique. Hitler apprécie Behrens, l'un des pionniers du modernisme en Allemagne. Troost qui a créé l'édifice néoclassique, La Maison de l'art allemand à Munich, « prototype des bâtiments de prestige du Troisième Reich[131] » a été membre du Werkbund et architecte d'intérieur de paquebot de luxe nullement hostile à l'art déco par exemple. Bonatz, membre du Werkbund est un architecte spécialisé dans la construction des ponts. Le style régional et la défense de l'artisanat traditionnel sont importants dans la propagande, mais peu présents dans le réel.

Goebbels, en 1933, invite Mies van der Rohe à soutenir Hitler, ce qu'il fait. Durant la guerre, l'architecture non fonctionnelle

---

[130] Albert Speer, *Au cœur du Troisième Reich*, trad. M. Brottier, Fayard, 2010, p. 218.

[131] Peter Reichel, *La fascination du nazisme*, trad. O. Mannoni, Odile Jacob, 2011, p. 320.

n'est plus d'actualité. La guerre supprime la technophobie de la culture nazie la plus réactionnaire de Rosenberg et Darré.

Le mémorial d'Eisenman et Serra est une invalidation du projet architectural et urbain aberrant de Speer conseillé par Hitler. Au colossal et à la grandeur disproportionnée du dôme de l'édifice central de Germania, le mémorial oppose son horizontalité anti-monumentale et son mouvement destructeur et sismique. Il s'oppose de même à la logique axiale du plan urbain hitlérien. Le déconstructivisme d'Eisenmamn est une objection radicale à la forteresse métaphysique de la présence que représente Germania ; la solidité, la stabilité, la durée (millénaire) sont pulvérisées par un mémorial en mouvement, constitué de fragments successifs. Germania cumule toutes les tares de l'architecture autoritaire. Il s'agit d'impressionner, de terrifier, d'écraser, de réduire à rien l'individu. Le dôme est conçu pour rassembler une masse considérable. Les valeurs sociales et collectives du nazisme ne laissent rien à l'individu et à sa liberté. En revanche, le mémorial s'adresse aux individus qui, seuls, dans les allées étroites sont invités par l'architecte à méditer. Le mémorial, étant sous le niveau de la rue, est un espace de silence relatif et de recueillement.

Gehry : les Chevaux de la Porte de Brandebourg

Un deuxième édifice sur la Pariser Platz, visible du mémorial comme l'Académie des beaux-arts est la DZ Bank, construite par Gehry. La banque a pour emplacement le ministère de l'armement occupé par Speer, à partir de 1943, après la mort de l'ingénieur Totd, concepteur du Mur de l'atlantique. On a retrouvé, pendant la construction de la banque, le bunker de Speer, le technocrate antisémite cher à Hitler qui a su concevoir de manière rationnelle l'organisation des industries de l'armement du Troisième Reich[132].

Gehry a réalisé, dans l'atrium de la banque, une salle de conférence représentant le champfrein d'un cheval de guerre, en opposition avec la structure très cartésienne des bureaux de la

---

132 À propos de Speer, Reich-Ranicki dit qu'il est un des pires criminels de guerre de l'histoire de l'Allemagne qui a échappé à la peine de mort à Nuremberg, *Ma vie, op.cit.*, p. 334.

banque. Il est impossible de ne pas relier cette tête sculpturale à grande échelle avec les chevaux ornant la Porte de Brandebourg toute proche de l'édifice. Aux chevaux du quadrige (1794) du sculpteur néoclassique Schadow connotant la force, l'harmonie, la noblesse et la beauté, la tête de cheval de Gehry s'apparente au cheval celte tel qu'il est pensé par Georges Bataille dans son texte célèbre « Le cheval académique »[133]. Hors-échelle, cette tête chevaline, guerrière et monstrueuse dévoile un aspect de la porte de Brandebourg et de son char de triomphe idéalisé. La porte de Brandebourg, logo actuel de la ville de Berlin, est un monument très marqué sur le plan politique. C'est un monument de l'histoire patriotique, associé surtout à une composante nationale de plus en plus liée à la monarchie et à l'armée prussienne. C'est un lieu de festivités guerrières de 1871 à 1914. La Porte devenue le symbole de l'Empire allemand, va être durablement compromise par les nazis et les manifestations de la SA dès 1933. La visite officielle de Mussolini en 1937 se déroule à la célèbre Porte. La composante apollinienne du quadrige de Schadow et de la porte néo-grec de Langhans est devenue une allégorie élégante mais mensongère de la bestialité nazie que la tête de cheval informe de Gehry désigne.

La tête de cheval dans la DZ Bank est aussi liée à la capuche des moines pleurant du tombeau médiéval de Philippe le Hardi, en Bourgogne, réalisé par Claus Sluter et Claus de Werwe. Cette fois avec cette référence, l'œuvre sculpturale se fait l'expression d'une douleur funèbre. La mollesse suggérée par la salle de conférence sculpturale traduit l'idée d'affaissement et d'affliction. La façade avant de la DZ banque est neutre et ordinaire pour se conformer à la réglementation urbaine de Berlin qui limite la hauteur, la forme et les matériaux pour créer une homogénéité urbaine. En revanche, la façade arrière qui donne sur le mémorial d'Eisenman est intéressante par son fenêtrage singulier. Le bâtiment étant construit entre 1998 et 2000, il est probable que Gehry ait conçu son fenêtrage en fonction de la maquette d'Eisenman. Les fenêtres sont en relief et tridimensionnelles, leur cadre est en inox gris, en consonance avec les blocs de béton du mémorial. La façade ondule en écho à l'ondulation du mémorial.

---

[133] G. Bataille. « Le cheval académique » (Documents), in *Œuvres complètes* tome I, Paris, Gallimard, p. 162.

Le Reichtag

Le Reichtag est aussi visible du mémorial. Les blocs de béton sont l'antithèse du dôme transparent du styliste talentueux Norman Foster. La transparence est le signe d'une conversion à la démocratie du parlement fédéral allemand. Habermas regrette le maintien de l'appellation Reichtag, symptôme d'une difficulté de l'Allemagne contemporaine de se démarquer de son passé impérial[134]. Le mémorial suspecte les démocraties européennes de ne pas en être vraiment, à l'instar de la démocratie française actuelle dont le parlement et l'appareil judiciaire n'ont pas de réelle autonomie par rapport à l'exécutif.

Le Reichstag a été l'occasion d'une œuvre qui a plu aux Berlinois. Il s'agit de l'emballage spectaculaire de l'édifice par Christo et son épouse Jeanne-Claude[135]. Le geste est polysémique et peut-être en partie ambigu. Emballé avec un tissu argenté, le bâtiment a une allure spectrale qui rappelle que la démocratie parlementaire a été détruite par les nazis dès 1933 et que la démocratie a été anéantie dans la RDA après 1945. La renaissance du Reichtag est indissociable de l'Allemagne réunifiée et de la fin des dictatures allemandes. L'édifice a été abandonné pendant 50 ans. On a souvent fait allusion aux spectres berlinois, le geste de Christo, comme d'ailleurs le mémorial gris d'Eisenman, fait référence à ce qui hante Berlin : le nazisme, le judéocide, la Guerre froide, les régimes totalitaires.

L'emballage d'un édifice monumental comme le Reichtag est un acte qui démystifie l'architecture officielle et étatique. Une certaine anti-monumentalité est indissociable de cet emballage irrévérencieux. Emballer des édifices, comme l'a projeté ou réalisé à plusieurs reprises Christo, c'est transformer l'architecture en objet déplaçable et manipulable contre la prétention de l'architecture à la durée et à l'immuable[136]. Toutefois, il s'agit aussi dans le cas du Reichtag d'une renaissance symbolique de cet édifice qui

---

[134] Habermas « Les Allemands et leur mémorial », in *Cités*, n° 78, PUF, 2019.

[135] L'emballage éphémère a duré deux semaines du 23 juin au 7 juillet 1995. Christo avait, depuis 1971, dans des dessins, eu le projet d'emballer le Reichtag.

[136] Christo a empaqueté le musée d'art contemporain de Chicago en 1969 et la Kunsthalle de Berne en 1968. Un photomontage propose d'empaqueter deux gratte-ciels de Manhattan en 1964.

est typiquement académique et *kitsch*[137]. C'est le remarquable dôme de verre de Forster qui sauve l'architecture monumentale datée de l'édifice.

La Potsdamer Platz. Art abstrait et industrie culturelle

Le mémorial est situé entre la porte de Brandebourg et la Potsdamerplatz, l'attraction urbaine du renouveau berlinois.

Le mémorial d'Eisenman s'oppose implicitement à la Potsdamerplatz, en partie tape- à- l'œil et très liée à l'industrie culturelle, aux divertissements, à la consommation et au cinéma notamment.

L'art abstrait qui commande la réalisation du mémorial est contre l'industrie culturelle. En tant que tel, dans l'optique adornienne qui est la nôtre, il est lié à la musique atonale. Les composantes très dissonantes du monument parlent de la condition humaine, une condition qui est refoulée notamment par la construction postmoderne du concepteur de gratte-ciel Helmut Jahn qui affiche un pseudo-progressisme et un ensemble architectural couronné par une imitation du mont Fugi. Ce couronnement donne lieu à des éclairages tape- à- l'œil réalisés par Yann Kersalé. Le capitalisme néo-libéral s'impose dans l'architecture du Sony Center réalisée en 1996. Le grand forum ovale du Sony center est un lieu de consommation très apprécié par les touristes.

L'austérité du mémorial veut convaincre, comme le dit Adorno, la clarté du monde de ses propres ténèbres. Les lumières attractives du divertissement rétinien de Yann Kersalé, confèrent une fausse clarté au consumérisme. Sur la Potsdamerplatz, dans le secteur baptisé Daimler-Benz, le bâtiment de Kulhof, l'un des architectes importants de la reconstruction de Berlin, n'est qu'une citation de gratte-ciel américain des années 1920. Quant à Piano, sa tour est élégante, mais là aussi, elle est une citation trop littérale d'un projet de gratte-ciel de Mies van der Rohe pour Berlin.

Daimler-Benz a acheté une partie du territoire correspondant à la Potsdamer Platz. Hans Haacke, en 1990, a réalisé une œuvre

---

[137] Quand Speer proposa de détruire le Reichtag, Hitler refusa, l'édifice lui plaisait. Voir Speer, *op.cit.*, p. 218.

publique rappelant que Daimler-Benz a été un soutien de Hitler et que la firme a eu recours massivement au travail forcé ; le matériel de guerre de la Wehrmacht était motorisé par Mercedes[138]. En 1990, c'est la plus grande entreprise d'Allemagne[139]. Les architectes de la Potsdamer Platz, dans le secteur Daimler-Benz, font de la publicité pour Mercedes.

L'industrie culturelle dresse ses victimes à éviter tout effort intellectuel. Libeskind écrit à propos de la Potsdamerplatz : « Quand je me promène aujourd'hui dans les rues de ce quartier, j'ai souvent l'impression de me trouver dans une simulation informatique, une réalité virtuelle aussi inconsistante, plate et sans vie que les images que l'on voit sur un écran d'ordinateur[140]. » L'architecte pense que « l'histoire a été ignorée et submergée » dans la reconstruction de cette place[141]. En effet l'impression d'artificialité et de désincarnation domine comme si on avait affaire à des images à grande échelle et non à des constructions. Dans *Sens unique*, qui a inspiré l'édification du musée juif de Libeskind, Benjamin écrit : « Avant que l'homme contemporain en vienne à ouvrir un livre, un tourbillon si épais de lettres instables, colorées, discordantes, lui est tombé sur les yeux que les probabilités pour qu'il pénètre dans le silence archaïque du livre sont devenues très faibles[142]. » La Potsdamer Platz participe à cet aveuglement.

Libeskind a proposé un projet en 1993, très apprécié par les Berlinois de l'Est qui ne furent pas écoutés par le jury du concours. Pour la reconstruction de l'Alexanderplatz, Libeskind se demande comment restituer le passé de cette place avant la guerre et lui donner un avenir qui ne soit pas celui offert par La RDA, qui en a fait un lieu inhumain et kitsch avec son gigantisme, ses immeubles,

---

[138] L'installation temporaire dans l'espace public de Haacke s'intitule *La liberté sera maintenant sponsorisée, simplement en petite monnaie.*

[139] Voir H. Haacke, in Pierre Bourdieu, Hans Haacke, *Libre-échange*, Seuil, Les presses du réel, 1994.

[140] Libeskind, *Construire le futur. D'une enfance polonaise à la Freedom Tower*, trad. M. Boraso et P. Girard, 2005, p. 167.

[141] *Ibid.,* p. 316.

[142] Walter Benjamin, *Sens unique*, trad. J. Lacoste, Paris, Les Lettres Nouvelles Maurice Nadeau, 2007, p.164.

« monstrueux monolithes ». Que faire de ce qui est devenu un « immense tombeau » ? Libeskind dit que son projet préserve des bâtiments existants, même s'ils sont médiocres. Pas question, dit l'architecte « de participer à l'amnésie collective organisée par l'ancienne RFA en rasant le site pour y construire par exemple des gratte-ciels[143] ». Il décide de recréer le contexte en dessinant des rues à une échelle humaine et en proposant des édifices libérés « de la conformité totalitaire[144] ». Pour organiser la zone et orienter les bâtiments, Libeskind propose comme plan l'empreinte de la main gauche de Döblin avec ses lignes de vie. L'écrivain fut médecin et assista les ouvriers de l'Alexanderplatz. Pour repenser le site, Libeskind se replonge dans *Berlin Alexanderplatz,* le célèbre roman de Döblin. Les références de Libeskind ont un sens et une légitimité que ne possède aucune des œuvres de la Potsdamer Platz, à l'exception peut-être de la citation du gratte-ciel de verre de Mies par Piano.

Le mémorial, sans l'effort d'une réflexion et d'une interprétation, ne communique rien. Ce refus de la communication dans le monument, ce rejet du didactisme et de la pédagogie relégués sous terre dans le centre de documentation, obligent le spectateur à se questionner. L'art dépourvu de sens perd sa raison d'être, mais l'absence de sens dans le mémorial a un sens.

Ne rien communiquer en apparence laisse entendre que la communication est généralement faussée. C'est ce que déclare Eisenman dans un article en soulignant la dégradation de la communication et la superfluité de ce qui est communiqué[145].

Les œuvres attendent leur interprétation, même celles qui s'y opposent selon Adorno.

L'abstraction dans le domaine des arts, à partir des années 1980, tend à disparaître au profit d'un retour aux beaux-arts, de la perspective renaissante dans les arts plastiques dont le medium est photographique. L'esthétisme est à nouveau réhabilité, l'art lié à des messages est réintroduit. La teneur de ces messages est peu

---

143 Libeskind, *Construire le futur*, *op.cit.* p.168.

144 *Ibid.*, p.169.

145 Eisenman, « Discours devant la Royal incorporation of architects in Scotland en mai 2008 ». *Marnes* tome 1, éditions de la Villette.

critique. La narration est réintroduite. Sur le plan social, l'art actuel se règle parfois sur le divertissement ; la distinction entre art majeur et mineur n'est plus maintenue. L'art public, notamment le *Street art,* est un art souvent démagogique, académique et médiocre. L'art contemporain s'est réconcilié sous diverses formes avec les arts de masse. En France, la recherche universitaire s'est tournée vers l'histoire du design, l'esthétique des jeux vidéo, l'architecture contemporaine traditionnelle, la photographie et des arts populaires réactionnaires. Le mutisme du mémorial est aussi une objection à cette production artistique qui n'offre plus aucune résistance à la massification, au divertissement, aux idées conformistes, aux idéologies sociales à la mode.

Le mémorial s'inscrit dans une histoire de l'art abstrait qui est socialement critique par rapport à la société de Malevitch, à Newman et Rothko. Newman, au début des années 1960, avec les *Stations de la Croix*, certaines sculptures et son projet de synagogue associe son œuvre à une réflexion sur le judaïsme et la foi après Auschwitz, en s'inspirant des écrits de Scholem. L'art, ici, est capable de poser des questions fondamentales contre la démagogie sociale de l'industrie culturelle.

8/ Dimension urbaine du mémorial

L'une des originalités du mémorial est d'avoir une dimension urbaine. Eisenman, à plusieurs reprises, a associé des projets d'édifice ou des bâtiments à des grilles urbaines avec, par exemple, son projet du World Trade center[146] (2002) qui reprend la grille urbaine de Manhattan. Avec son immeuble de logement social construit à Berlin (1985) qui cite la grille urbaine du roi Sergent à proximité et la trace du Mur de Berlin, il s'agit de perturber la grille urbaine de la Friedrichstrasse[147].

La sculpture publique contemporaine, quand elle n'est pas éphémère, investit trop rarement l'espace urbain en se contentant souvent de créer un objet qui occupe un espace restreint. L'un des précédents majeurs d'une occupation urbaine est le *Monument à Arago* à Paris, réalisé par Dibbets. Il s'étend sur 9 kilomètres. Mais il est quasiment invisible, comme si la sculpture n'était plus capable d'assumer ce qu'elle commémore[148]. Eisenman et Serra ont rejeté à juste titre l'invisibilité du contre-monument de Young qui est devenu un dogme. Le mémorial n'est pas créé pour réconcilier les Allemands avec leur passé (ce que peut faire penser l'interprétation du mémorial comme un cimetière). La sépulture a été donnée, le judéocide reconnu par l'Allemagne, l'affaire serait donc classée. Non, elle commence, car il s'agit de prendre la mesure de l'universalité du judéocide et d'y réfléchir. Le mémorial s'adresse aux descendants des exécuteurs du génocide, pas électivement aux descendants des victimes. Il n'y a aucune dimension lacrymale dans le monument.

La reconstruction architecturale et urbaine intense de Berlin inclut la volonté d'une amnésie du Berlin en ruine. Inspiré par

---

[146] Projet conçu avec des anciens du New York Five, Hejduk, Meier, Gwatney, Graves, Eisenman.

[147] Voir IBA Social Housing, Berlin. Sur cette réalisation et plus généralement l'importance de l'urbanisme pour Eisenman et la notion de site, voir Luc Lévesque, *Peter Eisenman entre lieu et non-lieu, op.cit.*

[148] Arago a dirigé la répression des ouvriers parisiens en juin 1848 ; lui consacrer un monument était une évidente absurdité, mais l'œuvre, d'un point de vue artistique, est originale.

Smithson, le mémorial qui n'édifie rien, est une sorte de ruine neuve géante. Le mémorial se rapproche d'un degré zéro de l'architecture, des traces traumatiques de son absence. C'est une objection à la reconstruction accélérée de Berlin, le plus grand chantier d'Europe à la fin du XXe siècle.

On a désigné les liens étroits du mémorial avec les dystopies urbaines de Superstudio, de Archizoom et du Mur de Berlin, consacré comme architecture par Koolhaas.

On a souligné sa parenté avec une autre dystopie, celle des baraquements d'Auschwitz. À son échelle, le mémorial est une dystopie urbaine, une zone inhabitable, inconstructible, à cause notamment de son hyper-densification. Le mémorial est une surenchère critique sur l'idéal de densité urbaine que cherchent à créer les architectes et urbanistes de Berlin depuis deux ou trois décennies. Le mémorial a pour Eisenman une densité qui doit rendre claustrophobe.

Comme Serra, Eisenman s'oppose avec Koolhaas et Libeskind aux choix d'un urbanisme postmoderne pour Berlin, aligné sur l'idée conservatrice d'une réparation urbaine ayant pour référence, entre autres, le conservatisme urbain de Rossi et Krier. Libeskind a été virulent contre la reconstruction du centre de Berlin. Il a déploré la volonté d'effacer les vides du centre urbain, et ainsi de supprimer la mémoire de la catastrophe et de l'histoire qui s'était inscrite dans le tissu urbain disloqué et troué[149]. Son musée à Berlin, avec son axe central composé de puits de béton vide, conserve la mémoire des vides de l'urbanisme berlinois et de ses traumatismes. Si l'idée de Kleihus de procéder à une réparation critique était intéressante selon Libeskind, dans les faits, la critique a été absente, et la réparation pragmatique et sans envergure en comblant les trous de l'histoire. Tous les projets urbains les plus remarquables pour Berlin comme celui de Scharoun, ont été mis de côté, dit Libeskind.

---

149 Libeskind, « Entretien Marianne Brauch avec Libeskind », in Marianne Brausch et Marc Emery, *L'Architecture en questions.15 entretiens avec les architectes*, Paris, Le Moniteur, 1996, p.142.

La dystopie urbaine de Serra et Eisenman fait regretter le projet utopique de Koolhaas et Ungers pour Berlin, qui ne sera jamais réalisé[150].

Florian Hertwerck écrit qu'il y a deux conceptions historiques urbaines à Berlin qui s'opposent. « La première s'est efforcée de centraliser, de condenser et d'homogénéiser. Le Berlin baroque, le plan Hobrecht, le Berlin wilhelminien, l'IBA, et la reconstruction critique (dirigée par Kleihues) en sont autant d'exemples. La seconde voie a cherché à décentraliser, à dédensifier et à hétérogéniser. Les exemples suivants correspondent à cette seconde voie, comme le projet de Schinckel pour Berlin, le Kulturland Schaft de Fréderic Guillaume IV, la dissolution urbaine de Taut, le plan collectif de Scharoun[151] » et le manifeste de Koolhaas et Ungers, *Berlin un archipel vert, la ville dans la ville* (1977). Le projet de Ungers et Koolhhas était fondé sur l'idée de la décroissance de Berlin qui eut en effet lieu après la construction du Mur[152]. Il comptait aussi sur les nombreux espaces vides laissés par les bombardements de la guerre. Leur idée de ville archipel faisait de Berlin « une amplification colossale de l'œuvre de Schinkel à Schloss Glienicke[153] ». Cette œuvre est liée à l'idée de faire une ville paysage, en s'inspirant des jardins anglais. L'interaction ville/nature serait donc importante dans l'utopie urbaine de Koolhaas, et une architecture variée serait envisagée. Koolhaas pensait par exemple à la transplantation de projets rétrospectifs comme la Cathédrale de Bruno Taut, le Palais de la culture de Leonidov à Kreutzberg. De tels bâtiments seraient érigés dans un immense parc arcadien. « La ville entière se transformerait en un paysage arcadien de constructions éparses, entourées d'une mer verte et où les infrastructures de la vie contemporaine seraient dissimulées. Tout Berlin, comme le

---

[150] Voir Ungers et Koolhaas, *La Ville dans la ville. Berlin : un archipel vert*, Zurich, Lars Müller publishers, 2013.

[151] Florian Hertwerck, « Influences et répercussions berlinoises », in *La Ville dans la ville, op.cit.*

[152] Cette décroissance, comme l'a remarqué Hans Kollhoff, est devenue improbable depuis la réunification et le nouveau statut de Berlin, capitale de l'Allemagne.

[153] Koolhaas cité par Hertwerck in *La Ville dans la ville, op.cit.,* p.60.

château de Glienicke de Schinkel mais à une échelle colossale[154]. » Le mémorial, par son hyperdensité, est la parodie de l'orientation de la réparation urbaine et de la reconstruction critique, défendue par Kleihues soucieux de densifier le centre historique de Berlin.

Le mémorial à sa manière conserve la mémoire de la ville de Berlin ravagée par les bombardements et traumatisée par la Guerre froide. Les terrains vagues hantent le mémorial gris, monotone et spectral, ayant un goût de cendre.

154 Koolhaas, « Ambassade à Berlin/Ungers, 2006 », in Rem Koolhaas, *Études sur (ce qui s'appelait autrefois) la ville,* 2017, p. 212.

9/ Derrida et la déconstruction architecturale

Derrida donne une définition de la déconstruction qui intéresse plusieurs architectes dans les années 1990. Déconstruire en architecture questionne l'hégémonie du beau, de l'esthétique, de l'utilitaire, du fonctionnalisme, du vivre et de l'habitat. Il ne s'agit pas pour le philosophe de mettre en évidence une essence de l'architecture qui n'existe pas, mais d'ouvrir l'architecture sur d'autres domaines. Déconstruire, pour Derrida, cela signifie défier l'architectonique, les fondations, les structures stables, la solidité, l'équilibre, la sécurité, la proportion et l'échelle humaine. Derrida a d'abord vu dans la déconstruction des architectes comme Tshumi et surtout Eisenman des analogies avec sa propre déconstruction philosophique, sans plus. Finalement, il écrira un texte important sur Tshumi, va collaborer avec Eisenman à une œuvre commune pour le Parc de la Villette et entreprendra une correspondance avec l'architecte[155]. Il s'entretiendra aussi notamment avec Libeskind pour son musée juif de Berlin. Bref, ce qui n'était qu'analogie est devenu une source d'intérêt vif pour le philosophe qui, avec les déconstructivistes, s'ouvre à des recherches artistiques de la modernité que son conservatisme artistique, notamment en arts plastiques, lui interdisait. Il n'est pas sans reproche à l'égard d'Eisenman qui, à son goût croit trop à l'absence ou à la présence de l'absence et s'expose ainsi à des interprétations religieuses de son œuvre[156]. Il y aurait trop d'ontologie ou de théologie dans cette notion d'absence : « Encore le vide, l'absence, la négativité : chez Libeskind comme chez vous[157] ».

Derrida tient absolument à une déconstruction architecturale qui soit en définitive positive. La déconstruction des deux architectes, quand elle a pour objet le judéocide, ne peut pas avoir

[155] Titre de l'œuvre commune d'Eisenman et de Derrida *Chora L Works* (1986). La structure de l'œuvre est selon Derrida, « un labyrinthe inobjectivable ». Derrida cité par Alexis *Meier, Peter Eisenman, Machine critique de l'architecture,* Infolio éditions, CH-Gollion, 2019, p. 149.

[156] Derrida, *Les arts de l'espace. Écrits et interventions sur l'architecture,* éditions de la Différence, 2015, p.101.

[157] *Ibid.*, p. 114.

un contenu fondamentalement positif, ce serait une absurdité. Derrida fait remarquer à Eisenman que ses travaux comme ceux de Libeskind sont encore liés à la narration. Ils s'inscrivent, dit le philosophe, dans l'espace du texte classique, des narrations classiques, des noms, des mots, des histoires de la littérature, des références à la culture ; mais tout cela simplement ne commande plus l'architecture mais y est inscrit[158] ». Cette remarque est finalement très juste, y compris pour le mémorial de Berlin. Son mutisme n'est qu'apparent et non définitif. Sans la connaissance du nazisme, il serait incompréhensible. Derrida déclare : « Il y a parfois plus de philosophie dans un bâtiment que dans un cours de philosophie[159]. »

Derrida tient beaucoup à l'idée d'une déconstruction architecturale ouverte sur d'autres disciplines ou d'autres arts, ce qui garantit ses résistances au nihilisme ou au degré zéro de l'architecture. La déconstruction « essaierait de féconder l'architecture par une sorte d'hybridation, de greffe, de mise en danger de son identité non pas pour tuer l'architecture mais au contraire pour l'ouvrir[160] ». Derrida ajoute qu'il faut apprendre à interpréter ou à faire autre chose que percevoir[161]. « Il y a beaucoup à faire avec l'architecture parce que ce ne sont pas tous les architectes ou théoriciens qui sont d'avis qu'il faut lire pour percevoir ou regarder[162]. » Derrida écrit : « Dans la déconstruction (philosophique) l'appel à l'architecture était nécessaire[163]. » Cela dément le point de vue récurrent de spécialistes de l'architecture ou de philosophes d'inspiration heideggérienne en France qui prétendent que le déconstructivisme architectural n'a au fond aucun rapport avec la déconstruction derridienne.

Derrida déclare : « S'il y avait quelque chose à déconstruire, ce n'était pas seulement la philosophie mais l'architecture[164]. » Dans le langage de la philosophie, beaucoup de métaphores étaient architecturales. L'architecture, elle-même, n'était pas sans présup-

---

[158] *Ibid.,* p. 301.
[159] *Ibid.,* p. 305.
[160] *Ibid.*, p. 307.
[161] *Ibid.*, p. 309.
[162] *Ibid*, p. 337.
[163] *Ibid.*
[164] *Ibid.,* p. 338.

posés philosophiques selon Derrida. L'architecture était pour Derrida « une forteresse de la métaphysique, la métaphysique elle-même à l'état solide, faite pierre[165] ». Cette idée sera reprise par Eisenman. En réalité, Derrida était séduit par l'idée que des architectes suivaient une logique déconstructrice. Cela l'incite à une collaboration avec Eisenman, l'architecte le plus proche de ses idées. Pour Tschumi, il s'intéressait tout particulièrement à la question « comment faire tenir ensemble de la discordance. Comment un être ensemble architectural peut sans être une synthèse, ou un système être l'ajointement du disjoint[166] ». Le philosophe défend l'idée d'une nouvelle architecture non subordonnée, aux catégories esthétiques traditionnelles comme le beau ou le sublime[167]. Chez Tschumi, il approuve une transdisciplinarité qui mêle la construction architecturale avec la philosophie, la littérature et le cinéma. Derrida écrit : « L'architectonique signifie l'art du système chez Kant ». Il ajoute : « L'idée d'architectonique qui suppose à la fois un fondement et un agencement cohérent des parties est contemporaine d'un modèle classique de l'architecture[168]. » Bien entendu, Derrida est conscient des différences importantes entre les déconstructivistes, entre Gehry et sa muse les arts plastiques, Eisenman et sa muse la philosophie, Libeskind et son judaïsme éminemment sensible et poétique ou Koolhaas, l'architecte, l'urbaniste et le théoricien brillantissime, auquel Derrida ne semble pas s'être intéressé.

Le mémorial s'offre lui aussi comme une grande trame rationnelle de blocs similaires, géométriques et sériels disposés à intervalles réguliers. La mathématisation de l'espace est évidente. Le dessin de la trame des blocs réalisé par un ordinateur renvoie d'abord à l'espace strié de Deleuze et Guattari dans *Mille plateaux*. Cet espace est métrique, mesurable, formel, cloisonné, sclérosant, sédentaire et despotique. Le type d'espace valorisé par les nazis, soucieux d'ancrage dans une terre natale, avide de discipline, de normes, d'identités, d'univocités, de hiérarchie, de militarisation.

---

[165] *Ibid.*
[166] *Ibid.*, p. 339.
[167] Derrida, *Les Arts de l'espace*, *op. cit.*, p. 340.
[168] *Ibid.*, p. 341.

Le mémorial est lié aussi à l'idée de massification (la masse des blocs de béton) à la logique identitaire et à l'idée de contrôle total. Cependant, une variable a été introduite dans un système et une totalité que connote d'abord la trame. Les hauteurs des blocs ne sont pas les mêmes, ce qui crée une variation incontrôlable qui vient déranger l'ordonnance stricte de la disposition des blocs. Le mémorial est installé dans une cuvette de 4 mètres, on descend dans le mémorial. Eisenman était intéressé par cette disparition lente et progressive du visiteur, suggérant ainsi la disparition de l'humain. Vu du ciel, le mémorial ondule ; il semble en mouvement. Tout ce qui était en apparence stable, immobile, se révèle finalement pris dans un mouvement inquiétant. L'idéologie du sol et du sang de Darré et ses fantasmes d'ancrage dans une terre natale sont ruinés par ce mouvement. La déterritorialisation deleuzienne est à l'œuvre. Ce que Deleuze appelle un espace lisse semble se substituer à l'espace strié. Cet espace lisse nomade comme champ de forces et de flux est avec Deleuze positif. Ici l'espace lisse conduit au chaos en se greffant sur un espace strié. Eisenman recourt à la notion de diagramme employé par Deleuze dans son remarquable livre sur Bacon. Le diagramme qui est un champ de forces est émancipateur pour le philosophe. Dans le cas du mémorial, il est sous-entendu que l'idéal d'un espace strié mène à la ruine. À l'organisation géométrique et sérielle, mathématisée et statique se substituent des ondulations aléatoires et menaçantes du fait de la différence des hauteurs des blocs. L'organisation de l'espace vital à l'Est par des intellectuels SS est un espace strié qui dans la réalité va s'avérer dysfonctionnant et anarchique[169]. L'idéal d'un ordre absolu engendre un chaos meurtrier.

En se référant à la notion d'espace lisse de Deleuze et notamment à sa notion de pli, Eisenman invite aussi à lire

---

[169] Sur l'organisation de l'espace vital à l'Est, après l'invasion de la Pologne par les Allemands, voir entre autres les livres suivants : Adam Tooze, *Le Salaire de la destruction. Formation et ruine de l'économie nazie*, *op.cit.* Götz Aly et Susanne Heim, *Les Architectes de l'extermination. Auschwitz et la logique de l'anéantissement*, *op.cit*. Timothy Snyder, *Terres de sang. L'Europe entre Hitler et Staline,* trad. P.-E. Dauzat, Gallimard, 2012. Christian Ingrao, *La promesse de l'Est. Espérance nazie et génocide 1939-1943,* Paris, Seuil, 2016. Christian Ingrao, *Croire et détruire. Les intellectuels dans la machine de guerre SS,* Paris, Fayard, 2010.

autrement son mémorial. On a souligné la négativité du mémorial, son absence d'architecture ou sa réduction ruineuse à des traces, des piliers, des dalles, des ruines neuves, de trames urbaines démentes. Le mémorial ondule, il se plisse, il est temporel, en mouvement. On a dit qu'il s'agissait d'un champ de forces catastrophiques. Mais on peut lire aussi le mémorial et ses plis deleuziens comme la stratégie exemplaire d'une déconstruction des espaces striés, des structures, des synthèses, des totalités en les liquéfiant, les assouplissant[170]. Une politique non nihiliste, peut être lue, au-delà du diagnostic de la négativité radicale du mémorial, avec la notion d'espace lisse et de pli de la philosophie de Deleuze.

Sur le plan social et politique, la déconstruction derridienne est peu subversive mais elle n'est pas non plus inefficace ou insignifiante. Derrida déconstruit les identités sociales, les assignations brutales. Il se méfie des revendications communautaires, du nationalisme et privilégie les marges. Deleuze est plus radical dans sa lutte contre un rationalisme aliénant[171]. L'inorganique est en mouvement dans le mémorial. La régularité pétrifiait le mémorial, il est maintenant monstrueusement en mouvement. Cette impulsion dynamique renforce l'idée que le mémorial est la matrice d'un monument continu mortuaire ou un fragment d'un mouvement délétère, anti-urbain et sans limite, comme l'image d'une barbarie sans limite. C'est la dynamique meurtrière du nazisme qui est suggérée. Arendt souligne cette dimension du nazisme[172].

Durcissement et dynamisme, contagion de la brutalité sont des traits du nazisme. La grille des blocs comme la grille conceptualisée par Krauss « peut s'étendre à l'infini dans toutes les directions[173] ». Le mémorial suggère que la criminalité nazie n'a

---

[170] Eisenman, « déplier la vision. L'architecture à l'ère des médias électroniques », in *Marnes*, tome 1, Paris, Éditions de la Villette, 2010, p. 391-403.

[171] Deleuze et Guattari « La machine de guerre », in *Mille plateaux, Capitalisme et schizophrénie 2,* Paris, Minuit, 1980.

[172] Hannah Arendt, « Le totalitarisme, troisième partie » in *Les origines du totalitarisme*, trad. J.-L. Bourget, R. Davreu, P. Lévy, Paris, Quarto Gallimard, p 612.

[173] Rosalind Krauss, « Grilles », in *L'Originalité de l'avant-garde et autres mythes modernistes,* trad. J.-P. Criqui, Paris, éditions Macula,1993, p. 102.

pas de limite. Elle vise tous les Juifs du bassin méditerranéen, elle s'en prend à tous les peuples slaves et elle n'aurait pas épargné les latins méprisés, notamment les Français et les Italiens, si l'Union soviétique n'avait pas vaincu la Wehrmacht. Krauss ajoute qu'avec la grille, l'œuvre se présente comme un fragment. La grille nous oblige à regarder hors du cadre et à en faire une lecture centrifuge, comme le suggère le mémorial[174].

On a dit que le mémorial est anti-symbolique, qu'il semble se refuser aux images, aux métaphores. Le mémorial se donne comme une œuvre inintelligible. On ne doit pas se priver de la métaphore et le mémorial n'échappe pas aux images, en dépit de sa résistance au mimétisme. Une image revient fréquemment à propos du mémorial, celle du cimetière. Les blocs de béton sont vus comme des stèles. Edgar Morin comprend le mémorial comme une grande sépulture donnée aux Juifs[175]. Eisenman a récusé ce rapprochement en déclarant sans convaincre qu'il n'avait jamais vu de cimetière ressemblant à son mémorial. En effet, il n'y a rien d'inscrit sur les stèles. On peut écarter le rapprochement avec le cimetière de la vieille synagogue de Prague. Les stèles y sont irrégulières, sur une superficie bien plus réduite et sont disposées de manière aléatoire. En revanche, la référence au cimetière du Mont des Oliviers de Jérusalem est plus probante. On peut penser aussi au mémorial de Treblinka, un cimetière *a posteriori* fait de stèles irrégulières et dont la disposition est certes aléatoire, mais dense. Mais le mémorial d'Eisenman n'est pas dédié d'abord aux victimes juives mais aux descendants des bourreaux, aux Allemands d'aujourd'hui. Les commanditaires à l'origine du projet de monument sont des Allemands non juifs, notamment l'historien important du nazisme Jäeckel et la journaliste Léa Rosh, ils ont le soutien de Willy Brandt. Le jury qui a fait d'Eisenman et Serra des lauréats a voulu un monument dédié aux Allemands, et Serra et Eisenman l'ont conçu ainsi. Donc de ce point de vue, voir le mémorial comme un cimetière juif est un contre-sens, qui est presque systématique dans la réception courante de l'œuvre. Cependant, on peut souscrire à cette image,

---

[174] *Ibid.*, p.93-109.
[175] Edgar Morin, *Mes Berlin, 1945-2013,* Paris, Le Cherche midi, 2013.

pourvu qu'elle ne soit pas un obstacle à d'autres images possibles plus intéressantes, questionnantes, et inquiétantes. L'idée qu'une sépulture géante dédiée aux Juifs assassinés soit au cœur de l'hyper-centre de Berlin, dans les anciens jardins des ministères du 3e Reich et à relative proximité de la chancellerie détruite d'Hitler et de son bunker dynamité est plutôt opératoire pour inscrire à jamais la mémoire du judéocide dans la capitale de l'Allemagne réunifiée. Si Grass est d'accord avec l'idée d'un mémorial de la Shoah, il s'oppose à la décision de l'instaurer dans le centre de Berlin. L'écrivain Schneider et l'historien Peter Reichel défendent le même point de vue. Reichel est plutôt favorable au contre-monument de Young, c'est-à-dire une monumentalité discrète comme celle de Gerz qui a créé l'un des chefs-d'œuvre des contre-monuments, son mémorial à Sarrebruck, Place du Monument invisible (1990-1993). Un autre contre-monument est remarquable, ce sont les pierres d'achoppement de Demning. Ce sont des cubes en laiton encastrés dans le sol des trottoirs. On bute dessus. Sur le cube est inscrit le nom de la victime juive ou tsigane, sa date de naissance, son lieu de déportation. En 2016, Berlin avait 7000 pavés. Il en existe 60000 en Europe.

Eisenman dit que finalement le sens du mémorial est donné par le spectateur. Le regardeur en effet fait partie de l'œuvre en la parcourant et le mémorial dépend de ce qu'il en fera. On peut ajouter que le mémorial ne s'adresse pas uniquement aux Allemands mais aux Européens et notamment aux nations qui ont collaboré à la destruction des Juifs, comme à peu près tous les alliés de l'Allemagne comme par exemple, la Hongrie, la Roumanie, la Bulgarie, l'Italie, la Slovaquie, et des pays comme la France ou les Pays-Bas. Mais le monument n'est pas non plus complètement à la merci des interprétations. Sa forme, ses liens avec l'art et les théories de l'art contemporain résistent à certaines lectures ou les invalident. Ce mémorial est polysémique, d'autant plus qu'il a été conçu *in situ* et que son sens dépend aussi, pour Eisenman, du spectateur qui n'est pas considéré *a priori* comme passif, inculte ou insensible.

10/ Libeskind et le musée juif de Berlin

Un photomontage d'Archizoom représente une ville lézardée ou sous l'emprise d'un éclair destructeur[176]. Le zigzag, « blême lueur d'orage » selon les mots de Celan dans le Méridien[177], du musée juif de Berlin par Libeskind a été aussi associé à l'image de l'éclair et à sa violence[178]. En 1988, Libeskind a réalisé une installation intitulée *Ligne de feu*. La structure rouge avait la forme d'un zigzag. La négativité est au centre du musée juif. Sloterdijk s'est arrêté aussi sur cette image dans son analyse du musée associant l'éclair à une apparition et à une esthétique du sublime inspirée de Burke[179]. On peut aussi penser à Benjamin, une référence majeure de Libeskind, qui écrit « l'image vraie du passé passe en un éclair[180] ». Libeskind a associé aussi son musée à une étoile juive disloquée. Une étoile allongée apparait nettement dans un dessin fondateur de l'idée du musée (*voir Between the Lines, Jewish Museum Berlin. Star Matrix*). Mais elle est invisible dans l'édifice final.

Une autre association jamais faite à ma connaissance et pourtant évidente, c'est l'image du zigzag faisant penser à un serpent. L'édifice dans ce cas serait zoomorphe et rampant et incontestablement venimeux par rapport à Berlin et aux Berlinois. Libeskind a peut-être pensé à *Fugue de mort* de Celan : « Il joue avec les serpents et songe : la mort est un maître d'Allemagne ».

Gehry avait pensé utiliser l'image du serpent pour son musée célèbre de Bilbao. Il avait renoncé finalement à cette métaphore trop agressive pour un musée. Serra réintroduira cette image dans le musée de Bilbao avec son installation à grande échelle intitulée *Snake* dès l'inauguration du musée. L'humanisme de Libeskind,

---

176 Voir Archizoom, *Sventramento a Bologna* (1969).

177 Paul Celan, *Le Méridien & autres proses*, Trad. J. Launey, Seuil, 2002, p. 60.

178 Le musée juif de Berlin a été construit de 1993 à 1998. L'inauguration a eu lieu en 2001.

179 Peter Sloterdijk, « For an architecture of participation" in *The Daniel Libeskind research studio,1999-2003,* Staatliche Hochscule für Gestaltung Karlsruhe, éditions Voigt, Aharoni, Birken, Krell, Zappe, 2010.

180 Benjamin, « Sur le concept d'histoire », in *Œuvres III, op.cit.*, p. 430.

son côté conciliant, avec une telle image rappelle qu'il peut être critique et acerbe. En dépit de ses qualités esthétiques et artistiques, le musée n'a pas la fonction exclusive et toute hypothétique de réconcilier les Juifs et les Allemands. Pour être compris, on doit en saisir les aspects multiples liés à la négativité. La surface du bâtiment est éloquente. Des lignes balafrent la couverture en zinc. Une multitude d'estafilades et de blessures apparaissent. Le musée de Libeskind s'adresse aux victimes, à la différence du mémorial d'Eisenman qui est destiné aux descendants des bourreaux. Il est une mémoire des violences subies.

La maquette du musée juif présentée au jury a été enveloppée avec un collage constitué de copies des pages du Gedenkbuch qui mentionne tous les Juifs allemands tués par les nazis avec leurs noms et leurs adresses[181].

Claude Lanzmann a été très critique par rapport au chef-d'œuvre de Libeskind. Il a trouvé le symbolisme du bâtiment trop grossier, trop pesant, trop abstrait [182]. Il parle d'évitement de la Shoah, qui serait peu présente, en oubliant que le musée est dédié à plus d'un millénaire de présence juive en Allemagne. L'édifice n'est pas un mémorial de la Shoah, qui est néanmoins suggérée de bien des manières remarquables. Lanzmann parle à propos de la Shoah « d'une béance impossible à combler ». Le cinéaste n'a pas dû enregistrer la présence, dans l'axe central du musée, d'espaces béants et l'idée que le vide est au cœur de l'édifice. Libeskind prend soin de dire à propos de son musée qu'il est nécessaire d'y introduire « l'Holocauste, physiquement et spirituellement dans la conscience et la mémoire de la ville[183] ». Il ajoute que « Berlin est le centre de la destruction des Juifs d'Europe[184] ». On ne peut lui reprocher d'avoir marginalisé la Shoah.

Mais Lanzmann apprécie les architectures tape-à-l'œil de la Potsdamerplatz qui ne signifient rien ou presque. On peut

---

[181] Libeskind, *Construire le futur. D'une enfance polonaise à la Freedom Tower*, trad. Marina Boraso et P. Girard, Paris, Albin Michel, 2005, p. 116.

[182] Claude Lanzmann, « Trou de mémoire », *Les Temps modernes*, Berlin mémoires, août-novembre 2003, n° 625, p. 3-16.

[183] Libeskind, in *Daniel Libeskind Jewish Museum Berlin, G+B Arts international*, 1999, p.10.

[184] *Ibid.*, p. 15.

comprendre que l'excellence de la réalisation berlinoise de Libeskind lui ait échappé.

Libeskind n'hésite pas en effet à recourir à des images dans ses édifices. En dédiant par exemple un musée au peintre Nussbaum, à l'évidence il soutient des formes figuratives du témoignage de la Shoah[185]. Dans son musée juif au Danemark en 2004, il fait allusion au sauvetage de la communauté juive par les Danois qui la transportent sur des embarcations en Suède, pays neutre et terre d'accueil. L'intérieur du bâtiment suggère, par ses murs inclinés et son matériau le bois, les embarcations salvatrices et leur tangage[186]. Celan écrit : « Il y avait l'odeur de pin blond sur le bateau danois, auquel allait notre gratitude, il y avait moi en toi[187]. » Comme le remarque Friedländer[188], la Shoah est un processus qui ne se réduit pas aux centres de mise à mort avec chambre à gaz et camion à gaz dont il n'existe quasiment aucune image.

---

[185] Le musée Nussbaum a été réalisé à Osnabrück. Le musée a suggéré les conditions de vie et de travail artistique du peintre dans des conditions angoissantes, caché dans des espaces étroits pour échapper à la traque des nazis. Nussbaum a réalisé des autoportraits mais surtout des tableaux se référant à son exil en Belgique, à Ostende et Bruxelles et à son incarcération dans un camp de concentration français, Saint-Cyprien dans le sud de la France, avant sa déportation à Auschwitz en 1944. Son tableau, *Le triomphe de la mort* (1944), est sans doute une transposition artistique des conditions du camp, ravagé par les maladies contagieuses, l'absence d'hygiène, l'absence de chauffage et d'électricité.

[186] Le musée, dit Libeskind, est conçu en fonction du concept de mitzvah (la Loi). Les différents espaces du musée, créé en 2004, s'intitulent respectivement Exodus, Désert, Terre promise et les Tables de la Loi. Libeskind a dû penser à l'opéra *Moïse et Aaron* qui relate l'exode des Juifs vers la terre promise, et dans ce cas vers la Suède à l'aide du peuple danois qui a intériorisé l'importance de la loi et de la justice. Sur ce musée, voir l'étude de James E. Young sur les musées juifs de Libeskind. « Daniel Libeskind's New Jewish Architecture", *In Daniel Libeskind and the Contemporary Jewish Museum: New Jewish Architecture from Berlin to San Francisco,* Rizolli New York, 2008, p. 45-61.

[187] Paul Celan, *Enclos du temps,* trad. M. Broda, éditions Clivages, 1985.

[188] Voir Saul Friedländer et ses réserves à propos de Lanzmann et de son film Shoah. *Réflexions sur le nazisme*, entretien avec Stéfane Bou, Seuil, 2016, *op.cit.* p. 69.

Comme le dit Snyder : « Si l'on se souvient d'Auschwitz, la majeure partie de l'Holocauste a été largement oubliée[189]. » Snyder pense notamment à la Shoah par fusillade dans les parties occupées de l'Union soviétique. Cette dernière n'a rien fait pour collaborer à la constitution de cette mémoire qui impliquait des Soviétiques volontaires ou réquisitionnés de force pour aider les Allemands à tuer les Juifs[190].

La Shoah, c'est aussi les fusillades innombrables dans les territoires occupés soviétiques, l'Ukraine et les pays Baltes, et il y a des photographies de ces massacres. La Shoah, c'est aussi les grands ghettos comme Lodz et Varsovie. Là aussi, il y a des photographies. L'image ne doit pas être proscrite quand elle existe[191]. Les images dans l'édifice de Libeskind sont liées à sa volonté de s'adresser à un grand public et à provoquer son empathie. L'architecte associe architecture et démocratie. La participation du public est incluse dans les parcours qu'il a créés dans son musée. La visite doit devenir une expérience pour le public. Le musée offre dans sa structure architecturale des émotions possibles, des sensations diverses, des souvenirs, des associations dont la finalité est de nous rapprocher des victimes[192]. Le musée n'est pas exclusivement fonctionnel, c'est une œuvre d'art à vivre, penser et ressentir. Libeskind pense son musée comme un site spirituel,[193] comme un parcours méditatif.

---

189 Timothy Snyder, *Terre noire. L'Holocauste et pourquoi il peut se répéter*, trad. P.-E. Dauzat, Gallimard, 2016, p. 305.

190 Voir les investigations de Patrick Desbois, *La Shoah par balles. La mort en plein jour*, Plon, 2019 et Marie-Moutier-Bitan, *Les Champs de la Shoah. L'extermination des Juifs en Union soviétique occupée (1941-1947)*, Paris, Passés composés, 2020.

191 Voir sur cette question Didi-Huberman qui répond de manière définitive à une iconoclastie dogmatique. Georges Didi-Huberman, *Images malgré tout*, Minuit, 2003.

192 Libeskind souscrirait à l'orientation des recherches de Friedländer : examiner la Shoah en se référant à la mémoire des victimes juives et pas uniquement en se rapportant aux archives allemandes. Voir Friedländer, *Les années d'extermination. L'Allemagne nazie et les Juifs 1939-1945*, trad. P.-E. Dauzat, Paris, Seuil, 2008.

193 Libeskind déclare : « Il devait devenir un site spirituel, et pas seulement un exemple d'immobilier architectural et urbain ». « Entre les lignes. Le musée juif de Berlin », in Derrida, *Les Arts de l'espace, op.cit.* p.145.

L'architecte comprend son édifice comme « un texte destiné à être lu[194]avec ses multiples strates de significations ». Le musée juif, à l'étude, se révèle complexe et paradoxal, car il suggère les violences de la Shoah à plusieurs niveaux, mais il propose aussi en tant que musée juif un au-delà de l'apocalypse dont il parle à plusieurs reprises, en pensant sans doute à Benjamin, l'une de ses références majeures pour le musée. Benjamin dans *Sens unique,* un livre important pour Libeskind, dit en effet en pensant à la Première Guerre mondiale : « La technique a trahi l'humanité et a transformé la couche nuptiale en un bain de sang[195]. »

Le musée milite pour un avenir capable de s'extraire du nihilisme que pourrait engendrer la mémoire du judéocide. Cette composante tournée vers un avenir à laquelle l'utopie, dit Libeskind, est possible, est sans doute étroitement liée à sa référence à l'opéra de Schönberg qui est centrale dans son œuvre.

À plusieurs titres, Schönberg est un exemple majeur pour Libeskind. Il pense comme Adorno que l'opéra *Moïse et Aaron* est une œuvre sacrée et qu'il est l'œuvre majeure de sa production musicale. Pour Adorno, l'objectif de l'opéra est de donner une expression musicale à l'Absolu, en l'occurrence le Dieu caché juif. L'opéra est inachevé, le troisième acte est sans musique. Ne reste que la voix non chantée de Moïse qui n'a pas trouvé le moyen de convaincre son peuple de la dignité et de la sublimité de son Dieu infigurable. Libeskind connaît, sans doute, le texte de Georges Steiner sur l'opéra de Schönberg,[196] qui le tient aussi pour capital dans la production du musicien. La référence de Libeskind à cet opéra traduit son intérêt pour la philosophie et la religion. Par ailleurs, Steiner insiste sur le langage de l'opéra, éminemment personnel. Cet aspect intéresse Libeskind, soucieux de l'expression artistique individuelle et inédite. Le thème, l'histoire de l'Exode, intéressait Libeskind, car son Musée entend créer des lignes d'émancipation. L'opéra traite aussi du rapport entre forme et contenu. « L'art contemporain peut-il les fusionner ou se

---

[194] Libeskind, *Construire le futur*, *op.cit.*, p.119.

[195] Benjamin, *Sens unique,* trad. J. Lacoste, Les Lettres Nouvelles/ Maurice Nadeau, 2007, p. 228.

[196] Georges Steiner, *Langage et silence*, trad. P. E. Dauzat, Paris, Les Belles lettres, 2010.

décomposer en œuvres purement formelles et esthétiques sans contenu substantiel et pire sans vérité ? » Un nouveau monde de sens et de possibilités vitales, c'est ce que vise Moïse selon Schneider et sans doute Libeskind. Le thème de l'interdit des images est au cœur de l'opéra. Ce point importe pour Libeskind qui se risque à utiliser des métaphores pour désigner la Shoah dans son musée. Ce sont aussi ces métaphores qui ont garanti la réception très positive de ce musée auprès d'un public important.

Du point de vue strictement esthétique, il y a une finesse des lignes qui jaillissent sur la surface en zinc, il y a une multiplicité formelle, par exemple dans les formes toujours différentes des mille fenêtres du musée. L'échelle humaine de l'édifice est en rapport avec l'humanisme de l'architecte. Sa forme sculpturale, originale et intrigante importe. Cet édifice sculptural a une délicatesse dans son revêtement en zinc qui va bleuir avec le temps et mettre en évidence son fenêtrage. Libeskind déclare : « Je veux que le bâtiment se fonde dans la ville. Je veux que les fenêtres avec leurs angles vifs et leurs formes nerveuses ressortent de plus en plus à mesure que le bâtiment se fera plus effacé[197]. »

Le choix du zinc renvoie au matériau choisi par Schinkel pour sa construction des toits d'une partie de Berlin. La violence que peuvent suggérer les images liées au zigzag du musée est tempérée par les formes du musée et sa couleur discrète. Le musée est associé au Collegianum, un édifice baroque. En dépit de la différence entre les deux édifices, la juxtaposition ne crée pas un choc. Il y a ici une volonté de s'harmoniser avec des composantes capitales de la culture allemande et de son architecture.

Les blocs de béton du mémorial d'Eisenman ont évidemment une affinité avec la tour de l'holocauste et les puits centraux vides du musée juif de Libeskind à Berlin. L'architecte a dit avoir utilisé du béton brut de décoffrage pour les murs du Vide et la tour de l'Holocauste[198]. Il ne voulait pas un béton esthétique comme celui

---

[197] Libeskind, *Construire le futur, op.cit.*, p. 258.
[198] *Ibid.*, p. 279.

de Tadeo Ando ou Louis Kahn, puisqu'il s'agissait de traduire pour ces parties du musée la violence de la Shoah.

La tour de l'holocauste dans le musée juif peut être associée à la violence de la déportation des Juifs. Libeskind fait ce lien en parlant d'une déportée qui avait gravé en elle, comme un infime espoir de salut, le rai de lumière du wagon de l'enfer qui l'envoyait dans un camp de concentration[199]. Cette faible lumière est présente dans le haut de la tour. Mais la tour est obscure et vide, quasiment sans lumière comme dans les chambres à gaz, dit Libeskind. La lourde porte de la tour, en se refermant, est lugubre et angoissante. Le public ne reste pas dans cet espace, il ne fait que passer rapidement en faisant l'économie de l'angoisse, mais en comprenant que c'est un espace traumatique. Libeskind dit aussi de cette tour qu'elle symbolise la coupure du monde et de la vie normale des Juifs allemands et Berlinois à partir de 1933 et des discriminations nazies. Un autre élément du musée, Le Jardin de l'exil, à l'extérieur de l'édifice doit aussi suggérer le malaise et l'angoisse. 49 grands piliers en béton aux fondations étrangement de guingois causent chez le visiteur une perte de repères et une espèce de malaise physique[200]. Une végétation est comprimée dans les piliers. Libeskind appelle aussi ce lieu le jardin de E. T. A Hoffmann[201]. Libeskind dit que c'est l'unique lieu dans le musée dominé par des angles droits[202]. Pour Libeskind, il y a une multitude d'angles ; s'en tenir à l'angle droit représente un appauvrissement considérable. Le Jardin de l'exil précipite les exilés juifs dans un monde étranger et hostile. L'instabilité suggérée du jardin renvoie à l'errance inscrite dans le zigzag du musée et à l'impossible installation quiète dans un monde chaotique. La référence à Hoffmann peut faire penser à l'inquiétante étrangeté de Freud définie et cernée à partir d'un conte de Hoffmann. Même des terres traditionnelles d'exil comme la France vont se révéler pour les Juifs refugiés des nasses mortelles. Tout ce qui a pu être familier aux Juifs en Allemagne commence

[199] *Ibid.*, p. 73-74.
[200] *Ibid.*, p. 107.
[201] Le célèbre auteur de contes fantastiques fut aussi magistrat dans le Collegienhaus, près du musée de Libeskind.
[202] Libeskind, *Jewish museum Berlin, G+B Arts International*, *op. cit.*, p. 41

à grimacer et basculer dans l'horreur, en 1933. Le Jardin de l'exil, donnant une sensation au visiteur d'instabilité, est pour Libeskind une métaphore « du naufrage de l'histoire ». Les angoisses de l'exil sont bien exprimées dans l'autoportrait au passeport juif du peintre Nussbaum. Il se représente en fugitif tétanisé, fuyant les nazis et assigné à une identité juive stigmatisante. Améry écrit : « Quand je repense aux premiers jours d'exil passé à Anvers, j'ai la sensation d'avoir titubé sur un sol vacillant[203]. »

D'autres aspects du musée sont liés aux violences subies par les Juifs. Dans le sous-sol, les lignes de lumière peuvent évoquer la foudroyante violence s'abattant sur les Juifs d'Allemagne et de Pologne à partir de la déclaration de guerre. L'escalier Sackler, impressionnant, suggère un effondrement possible avec ses grandes poutres posées en diagonales. La catastrophe est là encore suggérée. La surface en zinc du musée est scarifiée, autant de blessures infligées aux Juifs avant leur mort. La couleur grise du zinc donne au musée une allure spectrale qui hante Berlin.

Mais le plus remarquable dans le musée de Libeskind, c'est le fait que son fondement soit comme il le dit le Vide, soit l'axe central de l'édifice avec les puits vides. Le musée est bâti autour du vide. L'édifice se fonde sur une absence d'architecture, sur du néant. Ce vide, c'est l'absence des Juifs allemands tués par les nazis et plus globalement le vide sidérant laissé par la Shoah, une perte pour la culture et la civilisation européenne. Libeskind écrit : « Un vide creusait sa structure en zigzag, une sorte de béance qui ne contenait rien. Associant continuité et fragmentation, le Vide traversait des galeries, des allées, des bureaux. Le fondement du *Jüdische Abteilung* se trouvait selon moi dans ce vide[204]. » Libeskind a aussi associé ce vide aux sépultures vides et sans inscriptions du cimetière juif de Weissensee à Berlin. Ces sépultures étaient prévues par les Juifs berlinois qui furent finalement déportés et tués sans sépulture par les nazis. Elles restèrent vides et anonymes. Le Vide dans le musée est lié à la mort sans phrase. Ce Vide, Libeskind l'associe aussi au silence, en référence à Schönberg et au silence de la musique dans le troisième

---

[203] Jean Améry, *Par-delà le crime et le châtiment, op. cit.*, p. 107-108.

[204] Libeskind, *Construire le futur*, *op.cit.*, p.107.

acte inachevé de son opéra. Silence qui dit la limite de la musique à exprimer l'infigurable. Sloterdijk parle à propos de ce Vide d'un territoire du monstrueux[205]. Le Vide renvoie aussi aux vides de la ville de Berlin bombardée que l'on essaie de faire oublier aujourd'hui, dans le centre de la ville. Wenders dit : « Berlin a beaucoup de surfaces vides [...], ces surfaces vides sont des blessures, et j'aime cette ville à cause de ses blessures. Elles transmettent l'histoire mieux que tout livre ou document d'histoire[206]. »

Derrida a critiqué cette référence au vide et à l'absence dans les déclarations d'Eisenman mais aussi celles de Libeskind, tout en étant vivement intéressé par le musée de Libeskind et notamment par ce Vide au cœur de l'édifice dont il reconnaît aussi qu'il est lié pour l'architecte à l'histoire d'abord, plus qu'à la métaphysique.

Mais Derrida conserve de sérieuses réticences par rapport à ce Vide qu'il voit plutôt comme un espace crypté, scellé dont on ne peut faire l'expérience. Le Vide selon le philosophe ne serait pas vide, c'est un inconscient encrypté. La mémoire scellée n'est pas exactement le vide général et le vide de la structure. C'est une interprétation possible, parmi d'autres.

Mais il convient de remarquer que ce vide n'est pas tout à fait inaccessible puisqu'il est visible. De surcroît, l'un des puits est praticable. Ce vide renvoie à l'idée de l'impossible figuration de la Shoah que Libeskind intègre avec une autre stratégie, celle de l'image, de la métaphore et le recours à l'empathie pour les victimes. La communication est fondamentale pour Libeskind qui suit sur ce point le projet poétique de Celan : s'adresser à l'autre. Pour libeskind, l'architecture est comme la poésie, en tant que rencontre et ouverture à l'autre. Celan écrit : « La langue [...] devait traverser un terrible mutisme, traverser les mille ténèbres de paroles porteuses de mort ». Le Vide dans le musée de Libeskind est aussi cette traversée ; mais comme « les poèmes [...] ils mettent un cap [...] sur un tu, peut-être, un tu à qui parler[207] ». On

---

[205] Peter Sloterdijk, "For a new poetry of space," trad. Lev Libeskind, *The Daniel Libeskind research studio, Staatliche Hochschule für Gestaltung,* Karlsruhe, 2010, p. 23-28.

[206] Wim Wenders, *La Vérité des images. Essais, discours et entretiens,* trad. D. Petit, Paris, L'Arche, 1992, p. 140.

[207] Celan, « Le Méridien », in *Le Méridien et autres proses*, p. 57.

entend ici des réminiscences de Buber, lu par le poète. « Le poème se tient dans la rencontre, dans le secret de la rencontre[208] ». « Le poème veut aller vers un autre, il a besoin de cet autre[209] ». Ce dialogue, Libeskind le veut avec le public de son musée. Il le veut à travers de l'absence et de la douleur. Il le veut aussi vers un nouvel avenir « une résolution sereinement confiante de persévérer dans l'humain[210] ». « Des poèmes, ce sont aussi des présents, des présents destinés aux attentifs. Des présents porteurs de destin[211]. » Libeskind, en se référant à l'opéra de Schönberg *Moïse et Aaron*, a investi le thème de l'interdit des images. Mais à la différence de Schönberg, il n'a pas opposé radicalement Aaron à Moïse, le figurable et l'infigurable, mais les a associés dans son musée, métaphorique de manière parfois audacieuse, et infigurable comme dans les vides de son axe central. Mais le reproche de Derrida qui soupçonne une métaphysique du vide dans la conception de Libeskind n'est pas faux, en dépit du refus de Libeskind d'être considéré comme un métaphysicien de l'architecture[212]. Il y a une religiosité dans l'art de Libeskind qui n'est pas dominante dans le musée juif.

L'escalier Sacler est bloqué par un mur. Il ne s'ouvre pas sur le ciel. L'ascension n'est pas métaphysique, l'escalier assez vertigineux mais non religieux veut traduire la difficulté nécessaire pour se réapproprier la culture juive allemande présente dans les collections du musée juif. Le fait que le musée, créé par Libeskind, n'ait pas de porte dit, là encore, une accessibilité difficile[213].

---

[208] Celan, *Le Méridien, op.cit.,* p. 76.

[209] *Ibid.*

[210] Celan, « Allocution prononcée devant l'association des écrivains hébraïques », in *Le Méridien, op.cit.,* p. 86

[211] Celan, Lettre à Hans Bender, in Paul Celan, *Le Méridien & autres proses*, trad. J. Launey, Paris, Seuil, 2002, p. 44.

[212] Libeskind refuse l'objection de Derrida.

[213] On entre dans le musée par le bâtiment baroque, le Collegium, dans lequel Hofmann fut magistrat. Libeskind voulait aussi que l'on se plonge dans le passé baroque de Berlin et notamment la période d'une amitié judéo-allemande exceptionnelle à Berlin et l'ouverture du judaïsme à la philosophie des Lumières avec Mendelssohn. Libeskind s'est intéressé au salon de Rahel Varnhagen et à l'essai de Arendt sur cette femme exceptionnelle ; voir Arendt, *Rahel Varnhagen. La vie d'une Juive allemande à l'époque du romantisme*, trad. H. Plard, Paris, Payot, 2016.

La religiosité de Libeskind s'exprime avec bonheur dans le musée juif de San Francisco, tout particulièrement. L'édifice, y compris sa forme, est basé sur « l'expression hébraïque L'chaim qui signifie à la vie[214] ». C'est un toast à la vie. Des œuvres graphiques de Libeskind montrent que des lettres hébraïques sont bien à l'origine du bâtiment. Dans un dessin coloré et lumineux avec des flux de rouge, bleu et jaune, on trouve les lettres de feu rèch, pé, dalèt et samèkh qui composent le mot Pardès (PRDS), inscrit dans le hall du musée en lettres lumineuses. Cette référence au Pardès, au paradis de la connaissance, invite à l'interprétation infiniment renouvelée de la Torah. Dans plusieurs dessins, les lettres chet et yod apparaissent en bleu. La forme de la lettre chet se retrouve dans la forme globale de l'édifice de Libeskind, seul un jambage est retenu dans le dessin final. Cette même lettre hante certaines portes et fenêtres du musée. Les losanges qui apparaissent sur l'une de façades de l'édifice sont une stylisation géométrique de la lettre Yod. 36 fenêtres ont la forme de cette lettre qui est la première du nom Yahvé. Ce sont des étincelles de feu ou des stylisations de larmes de joie. La lumière est cardinale dans le musée. Les lettres ne sont pas uniquement des signes, mais des forces créatrices. Elles ont un sens allégorique, littéral, personnel, mystique. Mais Libeskind ajoute que l'interprétation est ouverte à l'infini, ce qui correspond à l'exégèse juive qui ne se limite pas aux quatre niveaux d'interprétation de la scolastique.

Dans ses déclarations, Libeskind laisse transparaître une certaine religiosité quand il dit par exemple que « la lumière est divine[215] ». Il fait part aussi de son enchantement de la lumière dans la cathédrale de Chartres[216]. Il montre surtout un intérêt récurrent pour le théologien mystique franciscain Raymond Lulle[217]. Il réalise, à Majorque, une villa pour une artiste américaine (Villa Weil). La forme de la villa est un hommage à Lulle. Inventer l'outil mnémotechnique suprême est le désir de Lulle, dit Libeskind ; il serait l'ancêtre de l'ordinateur. La référence à cette

---

214 Libeskind, « Musée juif contemporain », in *Daniel Libeskind and the Contemporary Jewish Museum*, *op. cit.*, p.107

215 Libeskind, *Construire le futur*, *op.cit.*, p.73.

216 *Ibid.*, p.87.

217 *Ibid.*, p.261.

machine de Lulle est présente dans des œuvres de Libeskind. Ces mêmes machines constituent le décor de Saint François d'Assise, l'opéra de Messiaen interprété à Berlin au Deutsch Oper, en 2002. Ce décor a été plutôt mal reçu et pas compris par la plupart des amateurs catholiques de Messiaen. Franciscain, théologien et mystique, Lulle n'était pas si inadapté pour le mystique saint François de Messiaen.

Le déconstructivisme, quand il se réfère à la Shoah, n'a pas tort de mettre en avant la mise en cause de toute édification. Mais la métaphysique du Vide rejeté par Derrida est peut-être présente à l'esprit de Libeskind qui commence son discours de présentation de son musée par une allusion à la création *ex nihilo* de la mystique juive. Celan, une référence importante de Libeskind pour son musée, s'intéresse aussi à la mystique juive et à la création ex nihilo. On a remarqué d'ailleurs que la structure en zigzag pouvait être une allusion au *tsimtsoum* du théologien Louria, l'un des mystiques majeurs de la kabbale juive. Ce *tsimtsoum* est le retrait de Dieu en lui-même qui serait à l'origine de la création de l'univers et qui pourrait expliquer son retrait de l'histoire au moment de la Shoah, son éclipse ou son absence. Cette dimension métaphysique, d'abord peu crédible pour le musée, semble bien néanmoins à l'esprit de Libeskind puisqu'une référence fondamentale pour son musée est l'opéra de Schönberg *Moïse et Aaron* dont il a compris la dimension sacrée et religieuse, ce qu'atteste son texte de présentation de son musée, *Entre les lignes*[218]. Ce qui l'a intéressé dans l'opéra, c'est le dialogue et l'opposition de Moïse et Aaron, mais surtout le thème majeur, l'impossibilité de la représentation du Divin juif, du Dieu caché et l'échec de la musique à s'en faire l'expression. Dans l'opéra, le conflit entre Moïse et Aaron, l'esprit et le corps, l'idée et l'image, l'intelligible et le sensible, l'infini et le fini se réfracte dans le musée. Mais plus qu'une opposition comme dans l'opéra, c'est une juxtaposition des deux orientations qui est suggérée dans le musée. Libeskind a dû suivre la remarque décisive de Steiner sur l'opéra. Il écrit : « Aaron

[218] Pour l'interprétation de cet opéra, voir Adorno, *Quasi una fantasia*, « Un fragment sacré. Au sujet du Moïse et Aaron de Schönberg », trad. J. L. Leleu, Gallimard, 1982.

est une des possibilités, la plus séduisante, la plus humaine des autotrahisons de Moïse[219]. » Les spécialistes de l'opéra, sauf exception, prennent le parti de Moïse contre Aaron, de la loi contre l'amour, de l'idée contre le corps, de la voix contre le chant. Une telle lecture est trop manichéenne. Schönberg, avec cet opéra est double, Aaron aussi bien que Moïse, même s'il prend parti, dans le dernier acte inachevé, pour le prophète et son Dieu caché. Comme l'a bien vu Gielen, Aaron est loin d'être une figure du mal, comme le croit Revault d'Allonnes qui ne concède rien à la passion, à l'ivresse, à l'enthousiasme, à la rhétorique, à l'amour au nom d'une rationalité prosaïque et d'une morale rigoriste et laïque qui invalident toute théologie négative à laquelle Adorno avait, avec justesse, rapporté pourtant l'opéra considéré comme drame sacré[220].

Libeskind rend justice au Moïse de Schönberg, avec les vides énigmatiques quasi religieux de son musée, et à Aaron, avec sa volonté de communiquer le Dieu caché au peuple juif pour son émancipation définitive et son recours aux images pour créditer le Dieu infigurable du judaïsme. Adorno remarque à propos de Schönberg et de son opéra, son œuvre majeure, que le musicien, en se tournant vers la religion, cherche à nier la négation qu'il perçoit dans l'époque dans laquelle il vit[221]. Cette négation c'est celle du sacré et du divin. Libeskind est dans une logique similaire en associant son édifice à l'opéra sacré de Schönberg. Il déclare : « Le musée que j'étais en train de créer se voudrait un équivalent du troisième acte de l'opéra. Entre ses murs de pierre, dans l'espace ultime du Vide, les protagonistes de l'opéra entonneraient un chant silencieux[222]. » Ce chant, c'est notamment celui de Moïse et Aaron, l'échange croisé de la voix spirituelle de Moïse, prophète d'un Dieu infigurable et non transmissible, expression d'une foi exigeante, rigoriste et sublime, et de Aaron, expression musicale séduisante destinée au peuple. Le musée est un entrelacs d'images, de métaphores, de suggestions de

---

219 George Steiner, *Langage et silence, op.cit.*

220 Olivier Revault d'Allonnes, *Aimer Schönberg*, Paris, Éditeur Christian Bourgois, 1992.

221 Adorno, *Quasi una fantasia, op.cit,* p. 255.

222 Libeskind, *Construire le futur, op.cit.* p. 118.

Libeskind proche de Aaron et d'idées cherchant peut-être à désigner un avenir humain lié aux valeurs de Moïse dans l'opéra. Libeskind ajoute : « Au final, c'est l'écho des pas des visiteurs qui ferait entendre leur voix[223]. » L'inspiration démocratique de Libeskind laisse au peuple le dénouement. C'est le public qui par sa participation œuvre pour un avenir dans lequel Libeskind voit en dépit de tout « un bouquet d'étoiles ». Sa conclusion est bien différente de l'opéra de Schönberg, puisqu'il se conclut par l'échec de la musique et par la mort de Aaron au nom de la Loi et de sa férocité qui milite pour une iconoclastie radicale.

Le musée, en dépit de ses métaphores, est certainement lié à l'idée de l'impossible figuration de la Shoah. Il est sans doute lié aussi à l'idée que le vide n'est pas purement stérile, mais qu'il peut être la source d'une nouvelle création comme le vide de Louria. Le précédent, en architecture, de cette référence au retrait divin lourianique est le projet de synagogue de Newman dont les façades sont des *tsimtsum*, ce mouvement de retrait en Dieu pour laisser la place au vide qui sera la source spatiale de la création du monde et l'autolimitation de la puissance de Dieu pour assurer à l'humanité le libre arbitre[224].

Le musée est lié à la négativité, mais il est aussi une grande réussite artistique. Il est sensé présenté l'histoire des Juifs en Allemagne depuis le premier millénaire après J.-C. De ce point de vue, il ne saurait être purement négatif. La prise en compte de la Shoah est capitale mais elle ne constitue pas l'unique dimension du musée. Libeskind préfère l'optimisme au pessimisme. Il conçoit son musée comme une résistance au nihilisme que peut engendrer la mémoire du judéocide.

---

[223] *Ibid.*

[224] Sur cette synagogue, voir Éric Valentin, *Barnett Newman, op.cit.* La maquette de Newman réalisée avec la collaboration de Tony Smith a été exposée au musée juif de New York dans le cadre d'une exposition conçue par l'architecte Richard Meier, une référence majeure dans la formation architecturale de Libeskind. Sur le *tsimtsoum* (autocontraction de Dieu) voir Maurice Ruben Hayoun, *La Kabbale*, Paris, Ellipses, 2011.

11/ La violence inutile et la question de l'ineffable et de l'infigurable

Pourquoi l'absence de sens, en apparence, dans le mémorial d'Eisenman ? Une première interprétation s'impose. Le judéocide n'a pas de sens. Les Juifs sont des ennemis intégralement fantasmés par les antisémites allemands ; ils ne représentaient pas une menace objective sur le plan économique, politique, militaire, culturel et scientifique. La violence qu'ils ont subie était inutile comme l'écrit Primo Levi, en la distinguant des violences ayant une utilité comme les guerres[225] dont le but est d'annexer des territoires et de s'enrichir par exemple. Comme le dit Ruth Klüger, le judéocide est absurde, c'est un non-sens absolu[226]. Le mémorial n'a pas de sens apparent pour cette raison. On a souvent fait remarquer qu'en 1944, les nazis réquisitionnaient une partie du réseau ferroviaire européen pour tuer les Juifs, au détriment d'une conduite rationnelle d'une guerre qu'ils étaient en train de perdre à l'évidence pour tout le monde. Aly a signalé que les aryanisations ont profité aux Allemands ; l'expropriation des Juifs, leur exclusion de différentes professions, leur condamnation à des travaux forcés sous-payés ont été des bienfaits pour des commerçants, des artisans, des directeurs d'entreprise, des dirigeants nazis et même des Allemands ordinaires[227]. Mais leur extermination, elle, ne servait à rien. Il aurait été plus rentable de les faire travailler que de les tuer.

Dans le chapitre « La violence inutile » de son livre *Les Naufragés et les rescapés*, Levi rappelle que la cruauté est présente dans les *Lager* d'Auschwitz, dans la gestion des ghettos, lors des déportations[228]. Hilberg dit aussi que la brutalité est une donnée

[225] Voir Primo Levi, « La violence inutile », in *Les Naufragés et les rescapés, op.cit.*

[226] Ruth Klüger, *Refus de témoigner*, trad. J. Etoré, éditions Vivane Hamy, 1997, p. 168.

[227] Götz Aly, *Comment Hitler a acheté les Allemands*, trad. M. Gravey, Paris, Flammarion, 2008.

[228] Primo Levi, *Les Naufragés et les rescapés, op.cit.*

majeure sur le théâtre de l'extermination[229]. Goldhagen souligne la cruauté inutile des tueurs des Juifs. Il écrit : « Les Juifs devaient souffrir[230]. » Il réfute ainsi les déclarations de Eichman à Jérusalem qui prétendait que le génocide commis par les nazis avait évité les souffrances inutiles. En fait, la cruauté est présente dans l'entassement des Juifs dans les wagons à bestiaux. Le wagon peut se transformer en instrument de mort par asphyxie. Le nombre d'occupants dans un wagon dépend du niveau hiérarchique du matériel humain transporté. Pour les Juifs slaves, le nombre dans les wagons était maximal. Un voyage de quelques heures était un enfer quand il y avait un surnombre. Certains devenaient fous durant le voyage et rendaient insupportable le transfert pour les autres. Parfois les wagons n'avaient ni eau ni récipient pour les besoins du corps, ce fut le cas, dit Levi, pour des voyages qui pouvaient durer deux semaines, comme par exemple celui des Juifs déportés de Salonique. Levi en vient à penser que l'extermination des Juifs n'était pas une stricte mise à mort, mais qu'il y avait une création délibérée de souffrance qui était une fin en soi[231] ». En écrivant cela, Levi pensait peut-être à la déclaration d'Himmler[232] qui défendait l'idée d'un meurtre des Juifs sans souffrance inutile. L'historien allemand Ernst Nolte, dans les années 1980, déclare à propos des Juifs : « On les tue sans les faire souffrir[233]. » Quoi qu'il en soit, la violence nazie ne se préoccupait pas de savoir si sa violence était utile ou inutile. Comme Reich-Ranicki le dit, n'importe quel Allemand pouvait, dans le ghetto de Varsovie, tuer de manière arbitraire un Juif, s'il le voulait[234]. Une décision explicite en haut lieu de tuer les Juifs en les faisant souffrir est peu probable. La souffrance des Juifs était

---

229 Raul Hilberg, *Exécuteurs, victimes, témoins. La catastrophe juive 1933-1945*, trad. M-F. de Paloméra, Gallimard, 1994.

230 Daniel, Jonah, Goldhagen, *Les Bourreaux volontaires de Hitler. Les Allemands ordinaires et l'Holocauste*, trad. P. Martin, Paris, Seuil, 1997, p. 434.

231 Primo Levi, *op.cit.*, p.119 ; Levi écrit à propos des Juifs: « Non seulement l' « ennemi » devait mourir, mais il devait mourir supplicié ».

232 Fritzsche, *Vivre et mourir sous le Troisième Reich. Dans l'intimité des Allemands*, trad. C. Mertens, éditeur André Versailles, 2012, p.188.

233 Ernst Nolte cité par Kertész, *L'Holocauste comme culture. Discours et essai*, trad. N. Zaremba-Huzsvai et C. Zaremba, Actes sud, 2009, p.116.

234 Marcel Reich-Ranicki, *Ma vie,* trad. J. Etoré et B. Lotrholary Grasset, Paris, 2001

généralement indifférente ; elle était voulue, en revanche, par la haine raciste des SS. La violence inutile dont parle Levi concernant le judéocide, est peut-être ce qui constitue une partie du caractère sans précédent de la Shoah. Wiesel, à propos de la mort des Juifs, déclare : « La tragédie juive reste unique par sa conception, par son immensité. Aucun autre peuple n'a été destiné de la sorte à une mort inutile[235] . » Cette déclaration rejoint l'idée de Levi dans son chapitre sur la violence inutile qui n'a pas été bien compris. Le sans précédent du judéocide, c'est le fait que l'extermination ne servait à rien. Comprenons les massacres étaient radicalement inutiles. Cette idée est à bien distinguer de la discrimination des Juifs, qui, elle, rapportait aux non-juifs Allemands ou Européens. Mais il faut relativiser cette unicité, car les Tsiganes ne représentaient pas non plus un ennemi objectif. Pour Yehuda Bauer, le caractère sans précédent de la Shoah tient au fait que tous les Juifs du monde devaient être tués pour les hitlériens[236].

Des notions comme l'infigurable, l'ineffable, l'irreprésentable, l'inexplicable semblent être cautionnées en reliant Eisenman à l'art abstrait, un art non mimétique, un art du silence contre toute narration, un art qui semble congédier toute signification et tout symbole On a eu cependant recours à des images dans notre étude. Eisenman en a introduit implicitement ou inconsciemment, comme l'image photographique des baraques d'Auschwitz-Birkenau, déjà à l'œuvre dans son projet de monument à Vienne qui montre le plan au sol de bâtiments d'Auschwitz. Cette référence aux camps d'Auschwitz est liée pour Eisenman à son intérêt pour Foucault et son ouvrage *Surveiller et punir* qui montre comment la répression étatique s'est rationalisée. Le philosophe est une référence pour l'architecte, dans la mesure notamment où il a montré dans différents ouvrages comment le savoir s'est mis au service de l'oppression dans la modernité. La référence d'Eisenman au camp d'Auschwitz à Vienne et à Berlin s'explique

[235] Elie Wiesel, *Entretien avec Brigitte-Fanny Cohen*, Paris, La manufacture, 1987, p. 48.

[236] La direction SS fit des démarches auprès des Japonais pour massacrer les Juifs de Shanghai, sans succès.

aussi par l'idée de Arendt qui considère les camps de concentration comme la plus importante institution de la domination totalitaire[237]. Comme l'a remarqué le critique d'art allemand Edouard Beaucamp, le mémorial est riche en significations et ouvert à des associations, en deçà de son mutisme et grâce à lui.

En fait, l'art abstrait même le plus résolument hostile au sens est toujours symbolique et souvent inconsciemment, comme l'architecture de Mies et de ses disciples. Ce symbolisme quand il est inconscient est souvent pauvre. On aurait tort de réduire Eisenman à ses débuts, il défendait alors une architecture solipsiste et conceptuelle. L'architecte déclare : « Les bâtiments actuels manquent de significations et de références[238]. » Ce n'est plus l'architecture pure qui est l'objectif d'Eisenman, comme dans les années 1960. Il déclare que son architecture s'oppose aux structures sociales hégémoniques de notre époque. Le mémorial manifestement renouvelle un avertissement contre les dangers de la modernité, dans le sillage d'Adorno et Horkheimer, de Foucault, de Bataille, de Derrida et Deleuze. Bauman écrit : « Notre évolution a devancé notre compréhension, nous ne pouvons plus affirmer que nous avons une complète perception du fonctionnement de nos institutions sociales, de nos structures bureaucratiques, ni de notre technologie[239]. » Le mémorial est une image de notre présent, une modernité liée à une rationalisation de plus en plus complexe qui peut devenir immaîtrisable.

La question du comment s'est effectué le génocide n'est pas du tout inexplicable ou irreprésentable. Christopher Browning dit : « Comprendre n'est pas pardonner, expliquer n'est pas excuser[240]. » Hilberg en a donné une explication, une description décisive et remarquable, toujours d'actualité. Son livre, *La Destruction des*

---

[237] Arendt, « Le totalitarisme », in *Les origines du totalitarisme*, *op.cit.*, p.787.
[238] Eisenman, art. cit, in *Marnes*, "Discours devant la Royale Incorporation of architects in Scotland, 2008", p. 407.
[239] Bauman, *op. cit.*, p. 144.
[240] Christopher Browning, *Des hommes ordinaires, Le 101ème bataillon de réserve de la police allemande et la Solution finale en Pologne,* [1992], trad. E. Barnavi, Paris, Les Belles Lettres, 2006, p.9.

Juifs d'Europe, pourrait être une référence majeure du mémorial d'Eisenman et Serra[241].

Par son organisation, le mémorial mime le caractère méthodique et systématique du judéocide, ses composantes étatiques, industrielles, techniques, scientifiques et bureaucratiques. Le génocide des Juifs n'est donc pas irreprésentable.

Des images photographiques des ghettos, des centres de transit, des scènes de massacre et d'Auschwitz existent, en dépit de la volonté de rendre infigurable la destruction des Juifs. Sur le plan artistique, l'art abstrait n'est pas l'unique ressource pour désigner le judéocide ou la criminalité nazie.

Un ensemble de 18 sculptures remarquables a été réalisé par Tinguely en 1986, intitulé Mengele-Totentanz. Les sculptures incluaient des machines avec la marque Mengele, l'entreprise de la famille du sinistre docteur SS d'Auschwitz qui se servait de cobayes humains Juifs et Tsiganes. Les sculptures, inspirées du carnaval macabre de Bâle, ont une réelle puissance funèbre.

David Oler, qui a fait partie d'un Sondercommando juif travaillant au fonctionnement des chambres à gaz et des crématoires, nous a laissé des dessins réalisés après la libération d'Auschwitz. Une peinture réalisée après 1945 montre des victimes hurlantes dans une chambre à gaz. Les Juifs survivants se sont exprimés, ceux des ghettos et d'Auschwitz. La parole de ces témoins est particulièrement précieuse, comme notamment celle des sonderkommandos juifs des centres de mise à mort, interrogés par Lanzmann dans son film *Shoah.*

Joseph Beuys a réalisé une sculpture saisissante dans le pavillon allemand néoclassique à Venise, réalisé par l'architecte nazi Ernst Haiger conseillé par Troost. *Tram stop* (1976) représente le moulage d'un monument de Clèves, un fût de canon. Couronnant ce fût, une tête, celle du révolutionnaire prussien, Cloots, député à la Convention, qui se fit l'expression de l'universel et du genre humain durant la Révolution française. Cette sculpture dressant le supplice de Cloots, dans le pavillon allemand, est une défense de la démocratie contre la dictature, de

---

[241] Raul Hilberg, *La Destruction des Juifs d'Europe I, II, III,* trad. M.F. de Paloméra, A. Charpentier, P.-E. Dauzat, Gallimard, 2006.

l'universalisme contre le nationalisme nazi. Pour Beuys, suite à cette exposition, l'œuvre devait être présentée à l'horizontale et démantelée pour réduire sa monumentalité et dépasser le moment du supplice et celui de la cruauté nazie[242]. L'artiste a associé son installation « au rude travail du ressouvenir[243] ». La récurrence dans l'art de Beuys de l'infirmité physique et psychique est une opposition à la politique nazie de la destruction des anormaux.

Vostell est sans doute l'un des premiers artistes allemands à se référer à la Shoah en 1958-1959, avec *Chambre noire* qui représente trois assemblages dont l'un a pour titre *Treblinka*, et un autre *Auschwitz-Scheinwerfen*. En 1972, une autre œuvre de la série des Désastres, inspirée de Goya et de ses *Désastres de la guerre*, est un wagon immobilisé par une structure en béton qui rappelle les trains de la déportation des Juifs.

L'ineffable et l'indicible sont relatifs. Primo Levi a toujours fait objection à l'idée que l'expérience des prisonniers d'Auschwitz était incommunicable.

Quand on emploie des mots comme l'indicible et l'irreprésentable, il faut faire attention à l'attribution d'une aura au *kitsch*. Ruth Klüger dit, contre les prêtres de l'indicible, qu'il est possible de représenter des actes de violence et d'en parler. L'inexprimable n'est pas non plus adéquat. C'est souvent une manière d'aseptiser le génocide, d'interdire de s'y rapporter précisément et de s'éloigner de la plainte des victimes. Cela ne veut pas dire qu'il n'y ait pas de l'inexprimable, mais qu'il faut absolument le relativiser. Krüger écrit : « Les crimes des années 1940 nous semblent à tous, y compris les survivants, étonnants[244]. » La criminalité nazie est sidérante. Elle l'est d'autant plus que notre mémoire de la violence sur des innocents est très faible. Les

---

242 Beuys a pris en compte Auschwitz dès les années 1960 avec son œuvre *Auschwitz Demonstration.* Andrea Lauterwein considère que l'installation « *Montre ta blessure* » est une invitation de Beuys aux Allemands de regarder leur passé criminel. Voir Andrea Lauterwein, *Essai sur la mémoire de la Shoah en Allemagne fédérale (1945-1990),* Éditions Kimé, Paris, p. 403-404.

243 J. Beuys cité par Max Reithmann « Arrêt de tramway », dans *Joseph Beuys*, catalogue du Centre Georges Pompidou, Paris, 1994, p. 191.

244 Ruth Kruger, *Refus de témoigner*, trad. J. Etoré, éditions Viviane Amy, 1997, p. 325.

violences coloniales de l'Europe sont quasiment inconnues encore aujourd'hui. Si on rappelle parfois dans les ouvrages sur la Shoah qui collectent les précédents génocidaires de l'Allemagne comme le génocide des Hereros (Namibie)[245], on oublie souvent dans la liste, le massacre de dizaines de milliers d'Ethiopiens par Mussolini qui a pu jouer dans la désinhibition des meurtriers nazis. Les refus des images, qui s'associent aux idéologies de l'inexprimable, de l'ineffable, de l'infigurable, se rapprochent, comme le dit Klüger, de l'interdit biblique des images. Le mémorial d'Eisenman ne souscrit pas à ces tabous quasi religieux. Goldhagen, fils d'un survivant du judéocide, n'a pas hésité à parler des violences subies par les Juifs en bout de chaîne, lors des Marches de la mort en 1945 et, bien sûr, lors des fusillades des Juifs par des policiers allemands sur le front de l'Est. Goldhagen a enregistré la notion de violence inutile et de cruauté inutile de Primo Levi[246]. Browning dit que Goldhagen a raison d'affirmer que la cruauté dans l'Holocauste, si saillante dans les mémoires des survivants, est une question peu traitée par les spécialistes[247]. Yehuda Bauer refuse la thèse de Goldhagen selon laquelle l'antisémitisme exterminateur allemand serait spécifique à l'Allemagne, notamment depuis le XIXe siècle. La plupart des experts le suivent sur ce point. Déjà, Arendt avait fait remarquer que l'antisémitisme s'est répandu au XIXe dans toutes les strates sociales et dans tous les pays européens[248]. Cependant, le spécialiste israélien de la Shoah défend l'érudition et le talent de Goldhagen et regrette le manque de courtoisie des détracteurs de Golhagen peu favorable à la recherche et à l'intelligence de la

[245] 1904, révolte des Hereros et campagne d'extermination de l'impérialisme allemand. Les 80000 hereros sont réduits au nombre de 20 000. La population Hottentote est réduite de moitié.

[246] Goldhagen, *Les Bourreaux volontaires de Hitler. Les Allemands ordinaires et l'Holocauste,* trad. P. Martin, seuil, 1997. Une des questions posées par le livre est pourquoi le judéocide a eu lieu. La réponse est trop monocausale : l'antisémitisme. Les lectures fonctionnalistes du nazisme ont fini par recouvrir cette cause déterminante sans laquelle la Shoah n'aurait pas eu lieu.

[247] Browning, postface écrite en 1998 pour le livre de Golhagen. L'historien cite aussi Primo Levi et son chapitre sur la violence inutile dans *Les Naufragés et les rescapés*, p. 309.

[248] Hannah Arendt, "l'antisémitisme" in *Les origines du totalitarisme*, trad. Micheline Pouteau, *op.cit.*, p. 247.

Shoah. Il écrit : « La critique de Goldhagen oui, la chasse aux sorcières non[249]. » Habermas de son côté a considéré le livre de Goldhagen, particulièrement favorable à la question de l'usage public de l'histoire[250]. Les études de la Shoah ne sont pas destinées exclusivement à des experts. Dans ce cas, elles resteraient confidentielles et peut-être inutiles[251]. Un public bien plus large est concerné ; il fut intéressé par le livre de Goldhagen traduit en plusieurs langues et devenu un best-seller[252]. En Allemagne, le livre est venu à propos, au moment où la demande de normalité des Allemands devenait importante. Comme le dit Golo Mann en 1985, il faut tirer un trait sur Auschwitz et tourner la page[253]. Habermas remercie Goldhagen pour avoir aidé les Allemands à regarder leur passé[254]. L'historien a certainement aidé la nouvelle génération allemande à ne pas sous-estimer l'ampleur et la monstruosité des crimes de leurs ascendants. Si le peuple allemand, dans sa totalité, ne peut pas être tenu pour responsable de l'extermination des Juifs, l'acquiescement au régime d'Hitler a été profond et la discrimination et la spoliation des biens juifs ont

---

249 Yehuda Bauer, *op.cit.*, p .119.

250 Jürgen Habermas, *De l'usage public des idées. Écrits politiques 1990-2000*, Fayard, trad. C. Bouchindhomme, 2005.

251 Esther Ben Bassa, comme bien d'autres, souhaite que la Shoah soit l'affaire des historiens contre la mémoire se donnant en spectacle dans l'art. Voir *La souffrance comme identité,* Paris, Fayard, 2007. Première objection, les historiens ne sont pas les seuls experts de l'holocauste. Hilberg, une référence majeure, est spécialiste en sciences politiques. Bauman est un sociologue, Arendt est une philosophe, spécialiste des sciences politiques, Götz Aly est un journaliste et écrivain etc. Les écrits des survivants sont capitaux comme l'a montré Friedländer. Secondo, c'est une recherche collective qui doit être entreprise, le corporatisme des historiens est déplacé. L'émotion, l'imagination, la sensation, la perception comptent dans l'appréhension de la Shoah et, l'art a pour vocation d'éduquer, de raffiner ces facultés humaines. L'entendement ne doit pas être grossièrement privilégié. Est nécessaire l'art de qualité et l'éducation à l'art du XXe siècle qui fait défaut en général aux politiques et aux chercheurs en sciences humaines.

252 En 2000, le livre de Goldhagen a été traduit en 13 langues. Il a été salué par Elie Wiesel qui déclare : « Fantastique contribution à la compréhension et à l'enseignement de l'Holocauste ».

253 Golo Mann, cité par Friedländer, *Réflexions sur le nazisme. Entretiens avec Stéphane Bou*, Seuil, 2016, p. 108.

254 Jürgen Habermas, « Sur l'usage public de l'histoire » in *De l'usage public des idées. Écrits politiques, 1990-2000, op. cit.*, p. 173-191.

été cautionnées par la grande majorité et n'ont soulevé aucune objection, bien au contraire, dans les élites. Celles-ci ont en partie profité et souvent collaboré à la violence subie par les Juifs à partir de 1933.

Goldhagen, en insistant sur un antisémitisme spécifique et unique de l'Allemagne bien avant le nazisme, mettait la nouvelle génération allemande dans l'obligation de se questionner sur l'histoire de l'Allemagne et son antisémitisme refoulé après la guerre. La gauche sympathisante du communisme dans les années 1970 avait de quoi s'interroger sur son antisionisme à l'égard d'Israël, et la droite, sur ces tentatives récurrentes de relativiser le nazisme et sa criminalité comme dans les années 1980.

Revenons sur l'inexplicable. Esther et Jochen Gerz, pour leur projet de mémorial à Berlin ont privilégié le pourquoi au comment s'est déroulé le génocide. Sur une grande esplanade, ils conçoivent des pylônes sur lesquels est inscrit le mot pourquoi dans toutes les langues des Juifs assassinés. Le public interagit avec l'installation ; on met à sa disposition la possibilité de répondre en quelques phrases. Un centre de conférences est prévu dans la proximité du mémorial qui permet au public d'écouter des spécialistes du judéocide ou des penseurs de différents domaines. Le projet a le mérite d'être très lisible pour le grand public, trop peut-être, ce qui limite le questionnement. La question du pourquoi est parfois tabou, comme le signale Jochen Gerz, et le rejet de son projet tiendrait à sa composante subversive[255]. Agamben, en 1999, considérait que la recherche historique sur le judéocide était plus ou moins accomplie et que le comment avait été suffisamment décrit[256]. Il convenait d'ouvrir la question philosophique du pourquoi. De ce point de vue, le projet de Gerz est pertinent. Les auteurs qui défendent le point de vue de l'ineffable s'opposent à une telle investigation, mais s'exposent à un nouvel obscurantisme, religieux cette fois.

L'investigation ne doit pas être limitée par des tabous ou des interdits. Nous répétons que l'inexplicable est tout relatif.

[255] L'opposition au livre de Goldhagen s'est faite aussi dans la mesure où il a prétendu répondre à la question du pourquoi le judéocide.

[256] Giorgio Agamben, *Ce qui reste d'Auschwitz*, trad. P. Alferi, Paris, Payot & Rivages, 2003.

L'antisémitisme exterminateur est au cœur de l'idéologie nazie. L'un des mérites du livre de Goldhagen, si controversé, est d'avoir placé à nouveau l'antisémitisme radical à l'origine du judéocide. L'antisémitisme comme cause évidente avait fini par devenir très secondaire dans les années 1990. Comme le signale Yehuda Bauer, Goldhagen a remis en cause l'interprétation dominante des historiens fonctionnalistes du génocide comme Broszat et Mommsen. Comme le suggère Friedländer, la thèse fonctionnaliste dominante dans les années 1980-1990 a l'inconvénient de relativiser la culpabilité allemande et les responsabilités criminelles, en présentant le judéocide comme un effet de causes cumulées mais non planifiées, comme si l'intention d'assassiner les Juifs n'avait pas réellement présidé au génocide ou qu'elle était marginale[257].

Aujourd'hui, l'opposition entre fonctionnalistes et intentionnalistes est dépassée. La combinaison des deux thèses est plus pertinente que leur opposition. Disons que les moyens d'un génocide des Juifs d'Europe ont été donnés lors de l'invasion armée de l'Union soviétique. Ce génocide est en partie dicté par les Plans de la faim et la colonisation des pays de l'Est. Mais il était d'actualité avant ces invasions. Comme le rappelle Bensoussan dans la préface du précieux livre de Aly sur les plans de colonisations nazis de l'Europe de l'Est et de l'Union soviétique, le génocide des Juifs n'était pas conçu essentiellement dans le cadre des plans de

---

[257] Cette querelle de Friedländer avec Broszat a lieu en 1985. L'historien fonctionnaliste pense que l'antisémitisme et l'idéologie nazie sont peu présents dans la population allemande. Dans son étude de la vie quotidienne en Bavière, le quotidien des Allemands a peu à voir avec l'histoire. L'historien allemand, l'un des plus importants, dit qu'il n'y a pas de véritable césure entre le passé de l'Allemagne et la période nazie qui a été plutôt positive pour les Allemands. Il n'y a pas de discontinuité majeure. Un tel propos va dans le sens de la normalisation de l'Allemagne et du nazisme. Pour Friedländer, le problème avec les fonctionnalistes, c'est leur tendance à présenter la Shoah comme un évènement qui aurait pu ne pas se produire. Le judéocide fût-il simplement opportuniste et dépendant des circonstances de la guerre en l'occurrence ? Broszat ne croit pas que le judéocide soit central dans l'idéologie nazie. De là, on peut alors se demander s'il est vraiment utile de faire un mémorial comme celui d'Eisenman.

la faim[258]. Les nazis ont voulu, dès les années 1930, une Allemagne et une Autriche sans Juifs. L'Europe conquise était aussi pensée sans Juifs. Le judéocide était la solution adéquate et l'idéal aurait été de tuer tous les Juifs du bassin méditerranéen. Les Plans de la faim pour coloniser la Pologne et une partie de l'Union soviétique ne visaient pas spécialement les Juifs. Ils furent des moyens de les tuer. Mais leur mort était un objectif à part entière indépendant de la conquête de l'espace vital. Bensoussan remarque à juste titre que le « Plan général pour l'Est qui est la planification du sort de dizaines de millions de Slaves ne correspond pas au judéocide. « On tue les Juifs par principe, les Slaves par nécessité ». Tous les Juifs doivent mourir, pas la totalité des slaves qui doivent devenir des esclaves. Attention donc à l'inclusion intégrale des Juifs dans le Generalplan qui aurait pour conséquence de manquer la spécificité du judéocide[259].

Dès la victoire de l'Allemagne sur la France en 1940, la question de déporter les Juifs de Pologne et de l'Europe de l'Ouest à Madagascar s'est posée pour la direction nazie. Il s'agissait de parquer les Juifs dans une réserve, de les faire surveiller par des SS, de les affamer, de les tuer par le travail et de favoriser les maladies infectieuses pour les décimer. Le projet de la déportation vers Madagascar était à l'esprit des dirigeants nazis avant l'entrée en guerre. En 1940, Heydrich a l'idée de faire périr les Juifs du ghetto de Varsovie en organisant une épidémie. La conférence de Wannsee ne fait qu'entériner une décision d'extermination présente dès l'invasion de l'Union soviétique. Elle a pour finalité d'organiser la mise au point de la collaboration de différentes instances étatiques pour l'extermination.

Certes, on n'a pas expliqué le judéocide en désignant sa cause, l'antisémitisme exterminateur, qui n'est pas du tout, comme le croit Goldhagen, une spécialité allemande. Drumont, dans *La France juive*, invite à exterminer les Juifs. Les idéologies raciales antisémites ont cette particularité par rapport à l'antisémitisme

---

[258] Götz Aly et Susanne Heim. *Les Architectes de l'extermination. Auschwitz et la logique de l'anéantissement* trad. C. Darmon, Paris, Calmann-Levy, 2006. Aly est considéré par Kershaw comme l'un des meilleurs historiens du nazisme.

[259] Georges Bensoussan, avant-propos, p.10 du livre de Götz Aly et Suzanne Heim, *Les Architectes de l'extermination, op. cit.*

chrétien ou musulman de ne pas offrir la possibilité d'une conversion religieuse. Elles sont exterminatrices. La Roumanie et la Croatie ont montré par l'importance de leurs massacres des Juifs que l'antisémitisme exterminateur n'était pas spécifique aux hitlériens et à leur idéologie raciale.

La réflexion sociologique, politique, morale, philosophique, anthropologique, historique demeure nécessaire. La question du pourquoi de Gerz était intéressante. En revanche, la part proprement artistique, de son projet semble très réduite par rapport au mémorial d'Eisenman et Serra. D'autre part, l'idée de rendre actifs les visiteurs est intéressante, mais le risque est grand que leurs réponses au pourquoi soient convenues et surtout répétitives.

12/ Le mémorial et « l'énormité du banal »

À propos de son mémorial, Eisenman parle de « l'énormité du banal[260] ». En effet, le monument est hors-échelle, et la succession des blocs de béton n'a rien de complexe. Comme dans le minimalisme, il n'y a pas de composition. L'ordre dominant est une chose l'une après l'autre. Les masses géométriques ont une forme banale. L'oxymore d'Eisenman fait penser à la formule très contestée de Arendt : « la banalité du mal », dans son livre remarquable et audacieux sur Eichmann[261]. La philosophe n'a jamais voulu dire que la Shoah était banale, ce qui serait une absurdité. Elle n'a pas non plus sous-estimé la brutalité des nazis, comme le croit Améry[262]. Elle a plutôt mis en évidence ce que recelait de particulièrement redoutable le judéocide, soit le fait que les exécuteurs n'étaient pas des monstres. Elle a suggéré, par cette formule qui a fait date, que le judéocide pouvait se reproduire ou d'autres génocides apparaître. Quand on insiste sur le caractère unique du judéocide, son aspect fondamentalement exceptionnel dans l'histoire humaine, on prend le risque d'induire l'idée qu'il est très improbable qu'il se reproduise. L'idée d'abord particulièrement alarmante peut devenir un narcotique. Elle présente aussi l'inconvénient d'instaurer une hiérarchie entre les victimes de génocides. Un judéocide peut se reproduire, Israël notamment n'est pas immunisé. La plupart des pays arabes qui l'entourent sont radicalement antisionistes. Ce que dit Wiesel est confirmé par le mémorial d'Eisenman : « La solution finale porte en germe la mort de tous les peuples. »

---

260 Voir Eisenman, "Memorial to the Murdered Jews of Europe", in *Materials on the Memorial to the Murdered Jews of Europe,* Berlin, Nicolai, 2009, p. 10.

261 Hannah Arendt, *Eichmann à Jérusalem* (1966), trad. M. Leibovici et Anne Guerin, Gallimard, 2002. La formule de la philosophe est la suivante : « La leçon de la terrible, de l'indicible, de l'impensable banalité du mal » p. 440.

262 Améry écrit contre Arendt : « Il n'y a pas de « banalité du mal », p. 67. « Pour le troisième Reich, la torture n'était pas un accident : elle en était l'essence même ». De manière plus crédible, Améry précise : « C'est en elle (la torture) que le troisième Reich se réalisait dans toute sa plénitude ». Voir *Par-delà le crime et le châtiment, op. cit.*, p. 76.

L'idée de la banalité du mal d'Arendt rejoint des déclarations de survivants. Primo Levi dit qu'il n'a pas rencontré de monstres à Auschwitz. Pour Langbein, dans les camps de concentration, les bourreaux SS, sauf exceptions, ne sont pas des monstres, des démons, des désaxés, des pervers sadiques. Comme l'a montré Browning, en étudiant un bataillon de policiers allemands massacrant des Juifs (femmes et enfants compris) sur le front de l'Est, les exécutants des massacres sont des individus ordinaires et ne sont pas spécialement antisémites. Seule une minorité finit par apprécier ce qu'elle fait et devenir sadique. Selon Hilberg, jamais démenti sur ce point, les administratifs qui organisent la Shoah ressentent rarement de la haine pour les Juifs.

Primo Levi dit de son côté que les monstres existent mais qu'ils sont trop peu nombreux pour être dangereux. À propos de Himmler, dirigeant et organisateur du judéocide, Longuerich parle de « monstre ordinaire [263]. » Il me semble que cet oxymore veut dire que ce qui est commis par Himmler est monstrueux mais que cet individu reste ordinaire. Ce qu'il faut enregistrer, si l'on veut comprendre cette question de la banalité du mal, c'est que l'inhumain est en l'homme une part irréductible de son humanité.

Se faire l'incarnation de l'humanisme et du bien est une illusion, un manque de réflexion critique sur soi et sur la société dans laquelle on vit qui vous implique dans ses injustices sociales et même sa violence, en dépit de votre volonté. Kertez déclare : « Je considère comme kitsch les représentations qui ne sont pas disposées à comprendre les liens organiques qui existent entre notre vie publique, notre vie privée dénaturée et la possibilité de l'holocauste, qui donc sépare l'holocauste de la nature humaine et s'efforce de l'exclure de l'expérience humaine[264]. » Kertez ajoute : « Est kitsch aussi de réduire Auschwitz à une affaire entre Juifs et Allemands [...], de délimiter Auschwitz aux groupes concernés et de ne pas l'envisager comme un vécu universel[265]. » Bref on ne peut pas se dissocier à peu de frais des criminels, en

---

[263] Peter Longerich, *Himmler. L'éclosion quotidienne d'un monstre ordinaire*, trad. R. Clarinard, Éditions Héloïse d'Ormesson, 2010.

[264] Imre Kertez, *L'Holocauste comme culture. Discours et essais,* trad. N. Zaremba-Huzsvai et C. Zaremba, Actes Sud, 2009, p.156.

[265] *Ibid.*

s'en tenant à la seule monstruosité spécifique des Allemands. L'antisémitisme est si partagé en Europe dans les années 1930 que l'on ne doit pas s'abriter derrière les criminels allemands pour ne pas s'interroger. L'holocauste est un horizon possible de notre existence, ce n'est pas un passé exceptionnel, non susceptible de se répéter. Yehuda Bauer, de son côté, écrit : « L'horreur de l'holocauste n'est pas une déviance hors des normes humaines[266]. » À propos de Höss, le commandant d'Auschwitz, Levi dit qu'il « s'agit d'une personne normale, sous la pression d'une société violente, qui devient l'un des plus grands criminels de l'Histoire[267] ».

Eichmann a une vie ordinaire avant son entrée au SD[268]. Rien d'anormal selon Cesarani[269]. Son adhésion au nazisme n'est pas conditionnée par un antisémitisme fanatique. C'est au SD qu'il devient, par endoctrinement, un antisémite et qu'il adhère aux idées traditionnelles anti-juives comme l'idée d'un complot international fomenté par les Juifs ou l'idée qu'ils sont les ennemis raciaux de l'Allemagne. Il collabore à leur expulsion d'Allemagne et d'Autriche en trouvant les moyens de les faire émigrer en les spoliant, en les forçant, en les terrorisant. L'usage de la violence physique n'est pas encore systématique. À Vienne, il démontre une certaine efficacité et habileté en 1938. Il est responsable de nettoyages ethniques concernant des Polonais et des Juifs des régions de Pologne annexées par l'Allemagne. Ces déportations forcées l'amènent à intensifier l'augmentation de la violence nazie à l'égard des Juifs. Eichmann s'intéresse au plan Madagascar qui prévoit une expulsion des Juifs de plus grande ampleur et implique un niveau accru de mortalité. Il adhère à ce plan barbare. La Russie est considérée ensuite comme le dépotoir possible et le mouroir de tous les Juifs d'Europe. La guerre en Russie étant bloquée, la décision de tuer les Juifs s'impose plutôt que les déporter dans une Sibérie devenue inaccessible. La fonction d'Eichmann sera de livrer les Juifs aux centres de mise à mort et aux ghettos en

---

266 Yehuda Bauer, *op.cit.*, p.54.

267 Primo Levi, *Conversations et entretiens*, trad T. Laget, D. Autrand, Paris, Laffont, 1998, p.160.

268 Le SD est le service de renseignements SS.

269 Voir David Cesarani *Adolf Eichmann. Comment un homme ordinaire devient un meurtrier de masse,* trad. O. Ruchet, Paris, Tallandier, 2014.

connaissant leur sort. Il fut, selon Hilberg, un technicien très efficace des déportations vers les centres de mise à mort.

C'est l'intégration de l'idéologie raciale nazie qui est à l'origine de sa possibilité de collaborer avec zèle et sans remord à la destruction et à l'anéantissement des Juifs. Il partageait avec les nazis la nécessaire déshumanisation des Juifs pour ne ressentir aucune culpabilité. Eichmann est « un cas typique plus qu'une aberration[270] ». Eichmann « est un homme de notre temps, contemporain des génocides du XXe siècle » selon Cesarani ; il ajoute : « c'est « Monsieur tout le monde en génocidaire[271]. »

---

[270] *Ibid.*, p. 467.

[271] David Cesarani, *Adolf Eichmann. Comment un homme ordinaire devient un meurtrier de masse*, trad. O. Ruchet, Paris, Éditions Tallandier, 2010, p. 467.

13/ Les critiques du mémorial

L'un des mérites du mémorial proposé par Eisenman et Serra, c'est de ne pas être consensuel. Selon Habermas, les débats furent intéressants et d'un haut niveau[272].

Plusieurs intellectuels allemands ont reconnu l'importance pour l'Allemagne de ces débats et ont demandé officiellement que le monument d'Eisenman ne soit pas réalisé. Les débats suffisaient et avaient montré que les élites allemandes étaient capables d'envisager leur passé de manière critique à la fin des années 1990. En fait, ces débats étaient voués à l'oubli pour le grand public et les générations futures. La proposition de ces intellectuels revenait à favoriser l'amnésie des crimes nazis. Il y a ici l'idée sous-jacente et partagée que l'art commémoratif ne sert à rien pour le souvenir et peut-être aussi l'idée peu originale, conservatrice et réactionnaire que l'art contemporain n'a pas de valeur. C'est vrai pour bien des monuments, notamment académiques. Remarquons qu'oublier le mémorial d'Eisenman situé au cœur de Berlin est impossible. Peter Reichel, hostile au mémorial d'Eisenman, est favorable à l'idée de contre-monument de Young et a des doutes sur la valeur commémorative des monuments ; on surestimerait la valeur des monuments qui ont peu d'effets sur l'opinion public[273]. Si ce diagnostic est en partie exact, il est démenti dans le cas du mémorial d'Eisenman. Rarement un monument ou une œuvre publique a fait l'objet d'un débat public aussi intense. Le contre-monument défendu par Reichel, par sa discrétion, s'expose à l'oubli définitif et à une confidentialité hors de propos pour une commémoration. Le mémorial d'Eisenman a une agressivité objective qui s'oppose au somnambulisme allemand à propos de son passé, qui peut resurgir. Eisenman souscrit à la déclaration d'Adorno dans la *Théorie esthétique*, son œuvre est « l'antithèse sociale de la société [274] ». Cette composante explique en partie les

---

[272] Habermas Jürgen « Les Allemands et leur mémorial, » [1999], in *Cités,* Jürgen Habermas, n°78, 2019, p. 103-123.

[273] Peter Reichel, *L'Allemagne et sa mémoire,* trad. Olivier Mannoni, Paris, Odile Jacob, 1998.

[274] Adorno, *Théorie esthétique*, *op.cit.*, p. 24.

oppositions, comme le mutisme et le rejet inquiétant de la communication par le mémorial. Le monument fait allusion à l'espace vital nazi et à ses planifications de génocides, ce qui pour la grande majorité des Allemands est aujourd'hui encore plus ou moins inaudible.

Le mémorial réfracte une hantise des nazis : la raréfaction de leur espace vital. L'hyperdensité des blocs de béton fait allusion à une paranoïa allemande du XXe siècle, son insuffisance territoriale. Le projet d'étendre l'espace vital allemand par la guerre est essentiel au nazisme. La notion d'espace vital est liée à l'impérialisme colonial allemand. La guerre a le but de coloniser les territoires de l'Est, la Pologne, l'Ukraine, les pays Baltes, l'Union soviétique[275]. La colonisation doit inclure des déplacements de population, des millions de personnes, en dernière instance en Sibérie. Une partie des peuples slaves doit être éliminée, une autre réduite à l'esclavage. Dès l'invasion de la Pologne, les nazis assassinent les élites polonaises pour faciliter la domination esclavagiste des Polonais. Les ennemis fondamentaux fantasmés des nazis, les Juifs doivent être exterminés en totalité. Après l'invasion de la Pologne, l'Allemagne a mis aussitôt la main sur la plus grande communauté juive du monde. La perspective d'une destruction des Juifs d'Europe deviendra effective après la défaite des Pays-Bas, de la Belgique et notamment de la France qui s'est effondrée en six semaines devant la Wehrmacht. Un état-major inepte a causé la mort en un temps record de 260.000 soldats français. La France n'a pas su mieux résister à l'Allemagne nazie qu'un petit État balkanique, laissant ainsi la voie ouverte à la barbarie et à la collaboration zélée du régime de Vichy à la destruction des Juifs d'Europe. Le mémorial d'Eisenman s'adresse aussi aux nombreux collaborateurs des nazis dans les différents pays d'Europe. La suggestion d'une criminalité européenne par le mémorial explique aussi les rejets.

Le régime de Vichy exclut des Juifs français de nombreux emplois, procède à un recensement de tous les Juifs, et à un fichage systématique ayant facilité la déportation, l'expropriation des

[275] En 1915, les Allemands eurent déjà le désir de coloniser l'Est, notamment la Pologne et les pays Baltes.

biens juifs français ou des Juifs refugiés, ce qui a facilité la déportation par appauvrissement. Bousquet envoie des Juifs refugiés des camps de la zone sud dans la zone nord pour les déporter (6 mai 1942). Un tiers des déportés vers les camps de la mort sont des Juifs français expulsés avec l'aide des administrations françaises et de la police. Les autres sont des réfugiés juifs étrangers. Klarsfeld compte 74 182 déportés juifs morts dans les centres de mise à mort, notamment à Auschwitz. 3000 Juifs sont morts de maladies dans les camps français. 1200 Juifs sont assassinés en France par les Allemands ou des Français. Au total, on compte 80 000 victimes.

L'antisémitisme français était sans doute moins prononcé qu'en Allemagne, en dépit de l'absence de protestation à la politique antijuive de Vichy. L'assemblée des cardinaux de France, en 1940, approuve les premières discriminations contre les Juifs français. Ce sont les grandes rafles de juillet 1942, mobilisant 9000 policiers français, qui déclenchèrent des protestations publiques. Mais on doit relativiser leur importance. Dans la zone sud, 5 évêques sur 35 protestent. Dans la zone nord, aucun évêque ne se manifeste. Les catholiques dans leur majorité sont proches de Vichy. C'est dans la base catholique que des soutiens limités existent. Les protestants seront plus engagés dans la protection des Juifs en France.

On ne doit pas oublier que l'acquisition de la pleine citoyenneté des Juifs durant la Révolution française fut difficile. Les députés des provinces de l'Est (Alsaciens et Lorrains) étaient hostiles à l'émancipation des Juifs[276]. Robespierre et surtout Mirabeau furent déterminants pour que les Juifs obtiennent la citoyenneté. Mirabeau était un admirateur de Moses Mendelssohn.

Par ailleurs, dans les années 1940, l'affaire Dreyfus reste dans les mémoires. Cette affaire a vu émerger un antisémitisme de masse. Schama écrit : « De violentes émeutes anti-Zola et anti-sémites éclatèrent dans soixante-dix villes de France. À Nantes, 3000 émeutiers pillèrent des propriétés, menacèrent le rabbin local, malmenèrent des commerçants. À Angers, des milliers de gens se déchaînèrent plusieurs jours d'affilée. Lyon, Dinant, Dijon

---

[276] Simon Schama, *L'Histoire des Juifs. Appartenir de 1492 à 1900,* Paris, Fayard, p. 384.

et Avignon furent le théâtre de troubles semblables. Les explosions les plus sauvages eurent lieu à Oran et Alger ou un antisémite virulent et maire d'Alger, Max Régis, fomenta un véritable pogrom contre la communauté juive de la ville[277]. » Dans le domaine des arts, Renoir, Cézanne, Degas, Forain furent des antidreyfusards. En face, on trouvait Vuillard, Pissaro et Monet.

La revendication de l'extension de l'espace vital au profit de l'Allemagne a nourri l'antisémitisme allemand, comme le signale Jäckel, et précipité l'extermination des Juifs en Pologne et dans les territoires occupés baltes et soviétiques ; Longerich associe de même l'extermination des Juifs à la colonisation génocidaire de l'Est. On ne doit pas toutefois amalgamer le judéocide avec les meurtres de masse de slaves.

La politique génocidaire de la doctrine de l'espace vital a une composante bureaucratique, technique et scientifique. Des agronomes, des géographes, des statisticiens collaborent à l'organisation et la planification des déportations et des meurtres. 30 millions de victimes sont prévues et concernées par cette planification moderne liée aux sciences. La connaissance est au service de la destruction de l'humanité.

L'extension virtuelle du mémorial, monument continu dystopique, peut faire allusion à cette planification nazie de plusieurs génocides.

L'Allemagne, non sans difficulté, a reconnu ses crimes par rapport aux Juifs, aux Tsiganes, aux homosexuels, aux handicapés mentaux et physiques et plus généralement à ceux qu'elle considérait comme des asociaux[278]. En revanche, elle n'a pas voulu conserver la mémoire des crimes massifs visant les Polonais. La Pologne a demandé un monument pour les victimes civiles non juives du nazisme (1 million de morts) en 2012. La demande est restée sans réponse. La Russie serait en droit de demander des monuments pour ses victimes civiles sauvagement assassinées. Elle pourrait demander une mémoire allemande pour les 3 millions de prisonniers soviétiques affamés jusqu'à la mort. Elle le pourrait aussi pour les habitants de Leningrad, délibérément

---

[277] *Ibid* p. 622.

[278] Parmi ces « asociaux », on oublie souvent l'incarcération de 10.000 témoins de Jehovah en Allemagne.

affamés et tués par les Allemands (bilan 1 million de morts civils). Le nombre de civils soviétiques tués (incluant les Juifs) est de 7,7 millions. La Russie n'a probablement pas demandé de réparations symboliques à l'Allemagne par des mémoriaux, de peur qu'on lui objecte la barbarie stalinienne insuffisamment reconnue et la dictature post-stalinienne.

Le mémorial d'Eisenman est un espace traumatique et paranoïaque en suggérant la criminalité de l'espace vital nazi. Un tel espace fut insupportable pour une partie de l'élite allemande contemporaine qui a bien enregistré la brutalité du mémorial avec ses blocs de béton qui semblent en mouvement, comme des vagues de pierres monstrueusement dynamiques. La référence à l'espace vital nazi et à la colonisation barbare de l'Allemagne de l'Europe de l'Est et de l'Union soviétique explique les nombreuses réticences à l'égard du mémorial d'Eisenman.

La critique la plus récurrente du mémorial est son absence de communication explicite. On a dit comment interpréter le silence du mémorial. Il est d'ailleurs polysémique. On peut le lire comme le silence de l'Allemagne durant l'extermination des Juifs, et plus globalement, le silence des élites européennes et américaines. Ce silence, c'est aussi celui que voulaient les nazis en essayant de tenir secret le gazage de millions de Juifs dans les centres de mis à mort.

Mais le silence du mémorial d'Eisenman, c'est aussi l'expression possible de l'effroi comme le voulait Celan, même si le mémorial n'est pas destiné aux Juifs. Eisenman parle du silence devant l'excès que représente le judéocide, silence fait de gravité, d'étonnement et de sidération.

Il y a, bien sûr, la tentation du silence pendant au moins 40 ans après la seconde guerre mondiale dans la RFA. Peter Reichel remarque que dans les années 1980, la RFA résistait encore à l'idée de reconnaître le judéocide. Reich-Ranicki écrit que la « Querelle des historiens » et que l'affaire Fassbibder et Walser ont eu au moins le mérite de rappeler la volonté d'une partie des élites culturelles de relativiser la culpabilité de l'Allemagne, de montrer que l'antisémitisme n'a pas disparu[279]. » Un autre événement, en 1988, montre assez clairement la puissance du déni de la gauche institutionnelle et de la droite allemandes[280]. Il fut décidé de commémorer la mémoire de la Nuit de cristal au Bundestag. Le président de l'assemblée (CDU) Jenninger, à l'instigation de la communauté juive, tient les propos suivant dans son allocution à l'assemblée : « Tout ce qu'a fait Hitler a été soutenu sans équivoque par la grande masse des Allemands[281]. » Les députés, à l'exception de la gauche du SPD, exigèrent et obtinrent, scandalisés, la démission de Jenninger et même du vice-président de l'assemblée qui le soutint. Wiesenthal et la presse de Tel Aviv défendirent Jenninger ainsi que la communauté juive d'Allemagne. La presse de Tel Aviv écrit : « La vérité [...] c'est que Jenninger a dit la vérité. Il a brandi aux Allemands un miroir dans lequel ils n'ont pas voulu se reconnaître[282]. » Le Times déclare : « Les Allemands ne tiennent pas du tout avoir les idées claires sur la compréhension de leur histoire », contrairement à ce que croyait Jenninger[283]. La formule de Jenninger était sans doute excessive, mais pas si loin de la réalité. Les Allemands commencèrent à tourner le dos à Hitler, quand en 1943, la Wehrmacht commençait à perdre pied au Maghreb et surtout en Union soviétique et même en Sicile et en Italie du sud. Des bombardements, notamment celui de Hambourg, commençaient aussi à faire perdre espoir aux Allemands. Walter Jens, une autorité morale en Allemagne s'en prit aussi à Jenninger dont des passages du discours insistaient sur la fascination éprouvée par le peuple allemand pour son führer. C'était pourtant une évidence. Clairement il faut attendre les années 1990 pour que l'Allemagne,

---

[279] L'affaire Fassbinder a duré plusieurs années. Une pièce du cinéaste *Les ordures, la ville et la mort* a été dénoncé comme antisémite en visant Bubis, le représentant de la communauté juive allemande. Quant à l'affaire Walser, elle s'est déroulée contre un livre de l'écrivain allemand qui s'en prenait à Reich-Raniki et Habermas et surtout après un discours de l'écrivain contre la sempiternelle mémoire d'Auschwitz qui serait maniée « comme une massue morale » contre les Allemands.

[280] Voir Peter Reichel, *L'Allemagne et sa mémoire*, trad. O Mannoni, Paris, Odile Jacob, 1998.

[281] Jenninger cité par Reichel, *L'Allemagne et sa mémoire*, *op.cit.*, p. 279.

[282] Le journal de Tel Aviv, *Jediot Acharonot*, cité par Reichel, p. 277-278.

[283] Le Times de Londres cité par Peter Reichel, *ibid.* p. 278.

sous surveillance européenne, commence à prendre la mesure de ses crimes inimaginables. La réunification de l'Allemagne créait des inquiétudes en Europe, le déni forcené d'une majorité d'Allemands par rapport au passé nazi commençait à être inquiétant. Des résurgences nationalistes se faisaient entendre et notamment l'idée d'une domination politique et économique de la nouvelle Allemagne en Europe. Il était temps que cette nation donne des gages supplémentaires de son retour à la civilisation. Les critiques du monument d'Eisenman sont liées pour l'essentiel à l'incapacité des Allemands de reconnaitre l'ampleur et l'unicité de leurs crimes déments. La méconnaissance de l'art contemporain et l'hostilité à son égard ont joué un rôle dans les objections faites au mémorial.

L'inhumanité de l'œuvre traduisant la barbarie spécifique de l'Allemagne s'est soldée par un aveuglement et un déni de la violence historique.

Libeskind a proposé un mémorial qui était en compétition avec ceux de Gerz et Eisenman. Ce projet non retenu aurait-il eu plus de faveur pour les élites culturelles que le chef-d'œuvre d'Eisenman ? Plus conciliant et plus lisible, il aurait eu plus de succès mais aussi moins d'importance. La thématique de son projet était liée à l'opposition civilisation ou barbarie. L'œuvre devait désigner deux directions : la statue de Goethe dans le Tiergarten et la villa de Wannsee dans laquelle le général SS Heydrich, l'architecte suprême du génocide selon Jäckel, met au point la solution finale avec des hauts fonctionnaires allemands, secrétaires d'État de différents ministères. La barbarie nazie est décidée au plus haut niveau par des instances étatiques qui sont censées représenter la civilisation[284]. Le projet de Libeskind fait appel, comme Habermas, à la faculté des Allemands de repérer dans leur histoire, dans leurs institutions, dans leur éducation, ce qui est susceptible de régénérer la barbarie pour la combattre partout, y compris et surtout hors de l'Allemagne contemporaine.

---

[284] Huit participants sur quinze à la conférence de Wansee ont un doctorat. « Ces hommes discutèrent de l'extermination des Juifs dans un cadre élégant et convivial. » Laurence Rees, *Holocauste. Une nouvelle histoire*, trad. C. Jaquet, Paris, Albin Michel, 2018, p. 372.

En se référant à Goethe, Libeskind pense à l'universalité de Goethe et non à l'écrivain allemand glorifié dans les années 1870 par l'Allemagne impériale qui fait de Goethe un monument littéraire au service du prestige de la nation. L'universalité de Goethe, c'est son intérêt pour de nombreux domaines : les sciences, la botanique et l'optique, le théâtre, la musique, les arts, l'esthétique, la littérature, la politique, la théologie. Goethe est le représentant de l'Allemagne intellectuelle pour l'Europe, le poète allemand ouvert à la littérature étrangère de Manzoni et de Byron, le voyageur enchanté de Rome et de Paris, le représentant du classicisme de Weimar et le philosophe des Lumières qui préfère l'universalisme au nationalisme des Allemands de son temps liés aux guerres de libération qui seront, ultérieurement, glorifiées par les nazis. Benjamin écrit que Goethe « donna au monde culturel de la bourgeoisie, une universalité qu'aucun de ses prédécesseurs ou de ses successeurs n'atteignit jamais[285] ». Pour Libeskind, une composante essentielle de la pensée de Goethe est celle que relève Benjamin : « Le goût inconditionnel pour le positif, qui ne se trouve jamais chez les esprits supérieurs et seulement très rarement même chez des personnalités de moindre envergure[286]. »

Libeskind en réalisant son projet a dû penser à l'une des références majeures de son musée juif, Paul Celan qui se réfère à la Conférence de Wannsee. Celan écrit dans *Le Méridien* « Tout poème garde inscrit en lui son 20 janvier[287] ». Bollack écrit que « L'identité poétique de Celan est liée à une date le 20 janvier 1942, la conférence de Wannsee[288]. »

Mais le 20 janvier, c'est aussi dans « Le Méridien », une référence à *Lenz* de Büchner qui commence par « le 20 janvier, Lenz traversait la montagne[289] ». « Le méridien » est une méditation sur l'art et la poésie en s'inspirant des écrits de Büchner. La question à demi-mot de Büchner porte sur la possibilité de l'art. Cette question pour Celan, toute poésie doit y revenir après

---

[285] Benjamin, "Goethe" in *Œuvres II*, trad. M.de Gandillac, R. Rochlitz et P. Rusch, Paris, Gallimard, 2000, p.98.
[286] *Ibid.*, p. 94.
[287] Paul Celan, *Le Méridien et autres proses*, trad. J. Launey, Paris, Seuil,2002, p.73.
[288] Jean Bollack, *L'Écrit. Une poétique dans l'œuvre de Celan*, PUF, 2003, p. 10.
[289]Georg Büchner, *Lenz*, trad. M. Cadot, Paris, Flammarion, 1997.

Auschwitz. Libeskind partage cette position pour son projet de mémorial et Eisenman fait de même pour son monument berlinois.

Lenz, le personnage de Büchner, est une figure d'identification pour Celan. C'est un être extatique, lumineux et exalté, mais sombre, terrifié, carbonisé aussi. « Il se croyait poursuivi par quelque chose, une chose effrayante qui allait inévitablement l'atteindre, une chose que les hommes ne peuvent pas supporter, comme si la folie galopait derrière lui[290] ». « L'univers pour lui n'était que blessures ; il en éprouvait une profonde, une inexprimable douleur[291] » ; « il était au bord de l'abîme où un désir dément le poussait toujours à jeter un regard et à recommencer ce supplice[292]. » Lenz, un double de Celan, avec son angoisse démesurée, est inscrit dans la direction que désigne le mémorial de Libeskind. La folie est une dimension possible de l'expérience des Juifs dans les chambres à gaz, les wagons à bestiaux, les sites de fusillades, les ghettos. De Lenz, Buchner écrit : « Il se heurtait à quelque chose d'horrible, de terrifiant, la folie s'emparait de lui, il se mettait à pousser des cris effroyables[293]. » Les Juifs furent massivement exposés au même destin.

Le projet de mémorial de Libeskind est pensé dans le prolongement de son musée à Berlin. On retrouve dans le mémorial la double postulation du musée : la barbarie (la Tour de l'holocauste et les puits de béton vide) et son alternative, « L'axe de la continuité », qui mène aux collections du musée et à la découverte de presque deux millénaires de présence juive en Allemagne[294], mais aussi à l'espoir d'une régénération de l'avant-garde juive du XXe siècle représenté pour Libeskind par Benjamin, Arendt, Celan, Buber, Schönberg, Döblin. Goethe, dans le projet de mémorial, est l'exemple de la civilisation comme dans sa conception du musée ; un moment remarquable de cette civilisation se manifeste avec les salons de Rahel Varnhagen qui témoignent d'une amitié judéo-allemande au niveau de certaines

290 *Ibid.*, p. 197.

291 *Ibid.*, p. 202.

292 *Ibid.*, p. 213.

293 *Ibid.*, p. 218.

294 Les Juifs sont présents dans une colonie romaine, près de Cologne en 321. Voir Simon Schama, *L'Histoire des Juifs de 1000 avant notre ère à 1492,* trad. P.-E. Dauzat, Paris, Arthème Fayard, 2019.

élites intellectuelles[295]. Alexandre von Humbolt, Schleiermacher, Schlegel, Schadow étaient des visiteurs fréquents du salon de Henriette Herz, épouse de Marcus Herz, disciple et ami de Kant. Ce sont ces salonnières juives qui initièrent en Allemagne le culte de Goethe. Le salon de Rahel Levine est le plus célèbre. Ni riche, ni belle, mais d'une grande sensibilité et intelligence, elle fut la femme de lettre allemande la plus importante du XIXe siècle par sa correspondance. Réservée par rapport au rationalisme de Mendelsohn qu'elle jugeait trop étroit, elle opposait volontiers le culte du sentiment à celui de la raison. On comprend ici l'intérêt de Libeskind pour cette figure intellectuelle. Féministe, libre, voulant faire de sa vie une œuvre d'art, l'amour romantique était capital pour elle. Heine était un intime et l'un de ses admirateurs. La guerre franco-prussienne en 1806 mit fin à ses salons judéo-allemands. Le nationalisme prussien eut raison de cette alliance judéo-allemande éphémère et ambiguë. Derrida, à juste titre, reprocha à Libeskind de faire trop de concessions au mythe de la symbiose judéo-allemande dans son musée de Berlin[296]. Scholem a invalidé l'idée de cette symbiose. Les salons des femmes juives furent vite oubliés. Un nouveau cercle allemand et chrétien excluant les femmes, les Juifs et les Français rassemblait une nouvelle élite allemande composée de Fichte, Kleist, Brentano, Arnim, Adam Müller, Schinkel, Savigny et Clausewitz.

Dans son projet, Libeskind manque de distance critique par rapport à la culture. La culture, même la plus haute, fait généralement trop le jeu des dominants pour être présentée naïvement comme une voie salvatrice.

Une lecture adornienne du mémorial d'Eisenman permet de comprendre les raisons pour lesquelles l'œuvre se ferme à la communication immédiate. Cette rupture de communication a un sens. Communiquer serait laisser croire qu'une entente, une conciliation est possible. Communiquer laisserait penser que le judéocide est transparent. L'énormité de ce qui est commis par les hitlériens laisse sans voix. La gravité de l'événement rend silencieux.

---

295 Voir le livre de Hannah Arendt, *Rahel Varnhagen. La vie d'une Juive allemande à l'époque du romantisme* trad. H. Plard. Paris, Payot & Rivages, 2016.
296 Derrida sur ce point suit les idées de Scholem.

Adorno disait à propos de la musique de Schönberg qu'elle gravite autour de la connaissance. C'est vrai du mémorial aussi. Adorno écrit : « Par sa haine de l'art, l'œuvre d'art se rapproche de la connaissance. Dès l'abord, la musique de Schönberg gravite autour de la connaissance et c'est ce qui avait toujours, plus que les dissonances, heurté le public ; de là toutes les criailleries contre son intellectualisme[297]. »

Alberto Manguel reproche au mémorial d'Eisenman d'être une version cryptée des références philosophiques d'Eisenman.[298] L'art ne doit pas faire philosopher et doit être compréhensible et transparent. Ce qui transparaît dans cette critique symptomatique de la réception du mémorial, c'est l'anti-intellectualisme traditionnel par rapport à une partie importante de l'art du XXe siècle. L'art n'exige pas la réflexion et ne dépend pas de l'intelligence, c'est la pensée sous-jacente dominante. Manguel, comme beaucoup, projette son incompréhension de l'art sur des œuvres jugées incompréhensibles. Manguel aurait voulu la construction d'une bibliothèque consacrée au judéocide. Le mémorial n'édifie rien et témoigne de la destruction. Outre la platitude de la proposition du critique littéraire et la préférence donnée au langage sur les arts visuels, la volonté non dite d'écarter l'art de toute collaboration à une mémoire critique est manifeste.

Pour Adorno, la réception adéquate d'une œuvre d'art importante est philosophique ou n'est pas[299]. L'art n'est pas nécessairement un divertissement. Les remarques critiques sur la dimension artistique du mémorial sont rarement explicitées, comme si les détracteurs redoutaient de basculer dans le rejet grossier de l'art moderne par les nazis ou les staliniens. Mais plus sûrement, on peut penser que furent assez rares les protagonistes des débats capables de comprendre l'œuvre. On ne pense pas uniquement à la réduction du mémorial à un cimetière. Ce qui est révélateur, c'est l'imposition à Serra et Eisenman d'un centre de documentation. Ce centre contredisait l'essentiel du mémorial : son abstraction exigeante, son

---

[297] Adorno, *La Philosophie de la nouvelle musique*, trad. H. Hildenbrand et A. Lindenberg, Gallimard, 1962, p. 133.

[298] Alberto Manguel, *Le Livre d'images*, trad. C. Leboeuf, Paris, Actes sud, 2001.

[299] Adorno : « La véritable expérience esthétique doit devenir philosophie ou bien elle n'existe pas ». *Théorie esthétique, op. cit.* p. 186.

choix de la non- communication d'un sens explicite, son incitation à une méditation prolongée, son expérience corporelle du champ sculptural, son choix de la défense d'un individu autonome, critique, non égoïste contre toute collectivisation et la sinistre communauté raciale d'un peuple organique fantasmé par les Allemands. Le centre de documentation, dans la salle des noms, réintroduisait la litanie des noms propres des victimes répétés à outrance dans les mémoriaux juifs et non juifs, comme si les patronymes étaient un reflet des individus dans leur authenticité. Par-là, il refoulait la mort de masse anonyme engendrée par la modernité, ses guerres mondiales et ses génocides. Nommer les victimes est certes penser comme une réparation symbolique, mais le judéocide n'est pas réparable. Créer des mémoriaux ne sert pas à grand-chose, si on est incapable d'innover. Eisenmann à juste titre prétend que son mémorial est original. C'est assez clairement, quand on l'a compris, un chef d'œuvre de l'art du XXe siècle et pas seulement de l'art public.

Le centre de documentation, dans la salle des Dimensions, propose des photographies liées au judéocide à la place de l'abstraction radicale du mémorial. Les techniques de reproduction photographiques restreignent le champ de l'imagination, comme le note Benjamin. Le mémorial s'apparente à cette peinture à laquelle Benjamin fait allusion. Cette peinture offre au regard « une réalité dont aucun œil ne peut se rassasier [300] » Pour le regard, qui, en face d'une peinture jamais ne se rassasie, une photographie est plutôt l'aliment qui apaise la faim, ou la boisson qui étanche la soif[301] ». Avec ces photographies, plus rien à penser, plus rien à imaginer, plus d'énigme. Domine l'illusion d'avoir une certaine vision de l'incommensurable qui hante les blocs de béton du mémorial. Une salle est réservée au destin de 5 familles juives. Ici, on parle des familles juives pour provoquer l'empathie des visiteurs en famille du Centre. Le mémorial ne cherchait pas fondamentalement à provoquer une empathie pour les victimes. Le centre rectifie. La mémoire lacrymale doit avoir le dernier mot. La pédagogie passe par le canal du plus familier pour nous initier de manière

---

300 Benjamin, « Sur quelques thèmes baudelairiens », in *Œuvres III*, *op.cit.*, p. 380.
301 *Ibid.*

improbable à ce qui justement nous est inconnu de manière irréductible. Serra a démissionné, certainement à cause de l'exigence de ce centre de documentation qui apaisait la demande de sens et de communication quand le judéocide excluait le sens et réduisait drastiquement la possibilité d'une communication et d'une transmission du mal. Ruth Klüger a raison : le judéocide était absurde. Eisenman, à propos de la non-communication de son œuvre, déclare qu'on est exposé à trop d'information. Le mémorial, c'est la possibilité d'un suspens d'information pour un silence questionnant. La compréhension du judéocide souffre aussi aujourd'hui certainement d'un trop-plein de recherches historiques et d'un déficit de pensée menacée par des interdits stérilisants et la propension à se scandaliser. Ce qu'a montré une fois de plus la réception outrée et irrationnelle de Goldhagen en France qui a eu l'intérêt de rappeler, dans le sillage de Primo Levi et des survivants, que le judéocide était lié en bout de chaîne à une grande cruauté[302]. La tuerie aseptisée est juste pour les administratifs à différents échelons, elle ne l'est plus pour les tueurs des fusillades massives sur le front de l'Est qui suppriment la vie des enfants juifs. Les Juifs ont subi des violences dans les centres de mise à mort qui les gazèrent. Sans ces violences, ils ne seraient pas rentrés dans les chambres à gaz. Leur passivité relative se fondait sur la terreur, le fouet et les morsures des chiens policiers à Treblinka. Arendt parle de la nécessité de « s'appesantir sur des horreurs[303]. »

Si le mémorial avait été mieux compris, l'idée d'un centre de documentation ne se serait pas imposée.

Une historienne a reproché au mémorial d'Eisenman d'être trop lié à l'émotionnel et à ses confusions[304]. Une telle idée confirme la superficialité des critiques du mémorial et l'incompréhension assez générale. Le mémorial est sobre et froid comme le

---

[302] Sur ce point, voir Primo Levi, « La violence inutile », in *Les Naufragés et les rescapés. Quarante ans après Auschwitz,* trad. A. Augé, Paris, Gallimard, 1989.

[303] Arendt, citée par Harald Welser, *Des hommes normaux aux meurtriers de masse*, trad. B. Lortholary, Paris, Gallimard, 2007, p.16.

[304] Voir Stefanie Endlich, « Grands projets : un nouveau paysage. Des lieux de mémoire », in *Les Temps Modernes,* août-novembre 2003, n° 625. L'historienne cautionne aussi la suppression du projet lauréat de Zumthor pour la Topographie de la terreur.

judéocide moderne et administratif. Cette opposition des historiens à l'art commémoratif est récurrente. Un autre exemple de cet obscurantisme a concerné le lauréat de la Topographie de la terreur à Berlin : Peter Zumthor.

En 1993, Peter Zumthor remporte le concours pour réaliser la Topographie de la terreur à Berlin. En 2004, les coûts s'avérant trop élevés, la ville congédie l'architecte. Le gouvernement Fédéral a entériné cette décision dommageable. Les édifices marquants ne sont pas si nombreux à Berlin et se priver d'un architecte aussi important et remarquable que Zumthor fut sans doute une erreur, même s'il est difficile de se faire une représentation de son projet. La Topographie de la terreur est un centre de documentation sur les meurtres de la Gestapo et des différents services de la SS et de la police allemande, responsables de la Shoah.

Zumthor a montré qu'il était capable de créer un mémorial lié à la souffrance et la mort[305]. On pense à son œuvre très originale réalisée avec Louise Bourgeois en Norvège pour la mémoire de sorcières brulées, des ancêtres des Sami, dans une petite ville Vardo dans le nord de la Norvège au XVIIe siècle. Ces terres arctiques étaient assimilées par les chrétiens à l'antichambre de l'enfer. Le mémorial rappelle l'intolérance du christianisme à l'égard du paganisme et sa misogynie superstitieuse et meurtrière.

L'intérêt de Zumthor pour l'histoire est manifeste. Dans son livre *Présences de l'histoire,* il défend son projet lauréat pour Berlin, en laissant supposer que l'argument du coût qui est à l'origine de sa suppression, est fallacieux. Il oppose une mémoire émotionnelle que l'architecture peut honorer à une mémoire intellectuelle que défendent les historiens et les commissaires de l'exposition du Centre international de documentation de la Topographie de la terreur. Cette opposition est classique de la part des historiens qui connaissent mal l'art le plus exigeant de leur époque. L'architecte reproche aux historiens d'ignorer l'impor-

---

305 Voir le Steilneset Memorial (2011). Il est composé d'un bas et long édifice appelé le cocon dans lequel sont percées des petites fenêtres correspondant chacune à une des 91 victimes commémorées. Des panneaux résument les raisons de la condamnation au feu de ces femmes. Le deuxième édifice cubique en verre fumé recèle une installation de Louise Bourgeois. Un cône tronqué en béton surmonté de plusieurs miroirs ovales accueille une chaise qui est traversée par quatre flammes.

tance des émotions dans notre compréhension de l'histoire et de la culture. Il y a du vrai, ici. Mais l'opposition entre mémoire académique et mémoire émotionnelle est discutable. L'art doit plutôt collaborer à la conservation de la mémoire et non s'opposer à la discipline historique. L'art peut avoir une valeur pédagogique importante et un impact émotionnel que la recherche historique ne possède pas.

Il est difficile d'imaginer ce à quoi aurait ressemblé l'œuvre de Zumthor. Son architecture est liée à la lumière, à la matière, à l'espace, au son, au corps. L'architecte a une relation phénoménologique au monde, il est attentif aux sensations les plus nuancées. « Ma méthode est phénoménologique », dit-il ; « avant la compréhension, il y a le regard[306]. » Quelles expériences sensorielles auraient-elles été suscitées ? Quelles atmosphères auraient-elles été instaurées dans cet édifice dans lequel les sentiments auraient été primordiaux ? Zumthor n'aime pas les images et les idées en architecture. Son projet se voulait asymbolique. Il avait une connotation nettement moderniste ; il était marqué par une dominante récurrente, la grille. Une succession de grands piliers en béton, rapprochés et à intervalle régulier, était séparée par des parois de verre. Un jeu complexe de l'ombre et de la lumière aurait été impliqué. Le bâtiment sans modèle, singulier selon Zumthor, correspondrait à la singularité de la criminalité nazie. Zumthor semble avoir voulu prendre les vestiges (les restes des caves de la Gestapo) comme référence pour édifier son œuvre et renvoyer le visiteur à ce lieu redouté par tous les Allemands du Troisième Reich et que l'on peut considérer comme un lieu infernal dans lequel la barbarie planifiait plusieurs génocides. On regrette l'annulation du projet de Zumthor. Des tours de béton existaient déjà, elles furent démolies. Berlin s'est privé de l'un des architectes contemporains majeurs qui a réalisé quelques chefs-d'œuvre, comme les Thermes de Vals en 1996 dans les Grisons ou la Chapelle de frère Nicolas en Allemagne (2007).

Le rabbin et historien Nachama, directeur de ce centre, ne voulait pas un mémorial mais un centre de documentation, un lieu d'étude et rien d'autre. Le bâtiment réalisé, finalement, en 2010

---

306 Peter Zumthor, *Présences de l'histoire*, trad. Y. Rosset et C. Dumont d'Ayot, Scheidegger & Spiess, 2018, p. 29.

par Ursula Wilms et le paysagiste Hallman est neutre et peu susceptible de marquer les esprits. Trop de mémoriaux à Berlin sont sur le plan artistique indigents et confiés à des artistes mineurs. La méfiance à l'égard de l'art contemporain condamne à des choix médiocres, à des raccourcis démagogiques qui traduisent un manque de respect dans les commémorations.

Adorno écrit : « La nouvelle musique a pris sur elle toutes les ténèbres et toute la culpabilité du monde. Elle trouve tout son bonheur à reconnaître le malheur, toute sa beauté à s'interdire l'apparence du beau […], elle est la vraie bouteille à la mer[307]. » Le mémorial d'Eisenman est lié au même esprit. On peut reconnaître en lui ce qu'Adorno dit à propos d'un aspect psychotique de la musique de Stravinsky : « Elle se présente comme un système rigoureux, aussi tangible qu'un cérémonial […], c'est l'habitus du délire systématisé, adopter une attitude autoritaire à l'égard de tout ce qui ne s'intègre pas au système[308]. » Le mémorial est une défense mimétique contre le totalitarisme et sa folie.

L'absence de sens apparent du mémorial rejoint ce que dit Adorno à propos de Krenek : « L'absence de sens des morceaux de Krenek les dote de l'expression la plus puissante, de celle de la catastrophe objective[309]. »

[307] Adorno, *La Philosophie de la nouvelle musique, op.cit.*, p. 142.
[308] *Ibid.*, p. 174-175
[309] *Ibid.*, p. 137.

14/ Habermas, défenseur du mémorial d'Eisenman

Le défenseur le plus significatif du mémorial d'Eisenman est Habermas. Le 16 décembre 1998, le philosophe, dans une lettre à Eisenman, écrit : « S'il vous plaît, ne faites plus de compromis[310]. » Il encourage l'architecte à maintenir son choix de l'art abstrait et à se méfier de la proposition du ministre d'État à la Culture (Michael Nauman) de faire un musée à la place du mémorial. Un musée se prêterait à tous les changements voulus par les institutions. Nauman a manifesté son opposition au mémorial en prétextant qu'on ne peut pas infliger à l'Allemagne une telle mémoire de son crime. Il voulait un monument convivial et cautionnait la réduction du nombre de stèles de l'œuvre lauréate de Serra et Eisenman.

Le mémorial réalisé, s'il est supprimé, pourra servir d'avertissement pour un éventuel retour de l'antisémitisme ou du racisme en Allemagne.

Le monument d'Eisenman a la fonction de mettre les générations non compromises par le nazisme devant leur responsabilité historique. L'enjeu est une mémoire autocritique d'Auschwitz, déclare Habermas. L'Allemagne contemporaine doit s'interroger sur les composantes de son histoire qui ont permis l'extermination, en deçà du nazisme. Sur ce point Habermas rejoint Goldhagen qui, pareillement, renvoie les Allemands à leur passé avant 1933 et à l'histoire de l'antisémitisme en Allemagne[311]. L'extermination des Juifs par le nazisme n'est pas un accident de l'histoire. Habermas serait d'accord avec la plupart des experts pour réfuter la thèse de Goldhagen selon laquelle il y aurait une culpabilité de tous les Allemands dans l'extermination. La thèse de la culpabilité collective, réfutée par le philosophe Jaspers dans les années 1950, resurgit. Les Allemands auraient, depuis Luther, une tradition d'antisémitisme exterminateur spécifique. Ce point soutenu par Goldhagen est faux. En revanche, une complicité massive, voire

---

310 Habermas, « Lettre à Eisenman, 16 décembre 1998 », in *Cités*, n°78, 2019.

311 Goldhagen a reçu le prix de la démocratie en Allemagne, en 1997.

totale, dans les lois discriminant les Juifs à partir de 1933 est certainement probable. La complicité active dans l'extermination des Juifs ou une sympathie intégrale n'est pas prouvée et reste peu vraisemblable. Habermas, néanmoins, écrit : « L'éventail des propensions à l'antisémitisme était très large dans la population allemande de cette époque[312]. »

Pour Habermas, la génération actuelle doit se désolidariser de toutes les composantes favorables à l'extermination et réfléchir sur l'identité allemande. Elle doit essayer de comprendre comment l'Allemagne a pu engendrer une telle monstruosité. « Peu d'historiens nieraient aujourd'hui les fortes continuités dans les structures politiques et sociales reliant l'empire de Bismarck, celui du Kaiser et ce dernier au 3e Reich[313]. » Augstein considère que le déclenchement de la Première Guerre mondiale est le fait de l'impérialisme allemand. Un regard critique sur leur histoire est impératif pour les Allemands d'aujourd'hui.

Habermas déclare que « le sens du mémorial est centré sur le crime et les criminels[314] », comme le souhaitaient le jury et les deux artistes de la première maquette *Eisenman I.* Il faut pouvoir se regarder en face. Le monument doit favoriser une vie en commun des Allemands et des Juifs. La communauté juive allemande a collaboré au débat concernant le projet de monument durant 10 ans[315].

La référence à Auschwitz est essentielle pour l'identité allemande. Ici, Habermas reprend sa position contre Sturmer (conseiller de Kohl) qui, durant la « Querelle des historiens », prétendait que le rappel constant d'Auschwitz créait des divisions funestes pour l'unité de l'Allemagne et son identité nationale[316]. Il fallait à nouveau être fier d'être Allemand, avoir une image positive du passé allemand, en deçà du nazisme, et sortir de l'ombre du nazisme. Ce souci nationaliste était évidemment

---

312 Habermas, *De l'usage public des idées*, *op.cit.*, p. 188.

313 Ian Kerschaw, *Qu'est-ce que le nazisme. Problèmes et perspectives d'interprétation*, trad. J. Carnaud, Paris, Gallimard, 1997.

314 Habermas, « Les Allemands et leur mémorial » art. cit., p. 111.

315 *Ibid.*, p. 113.

316 Pour la « Querelle des historiens », voir Kerschaw, *Qu'est-ce que le nazisme*, *op.cit.*, p. 361 sq.

régressif et trahissait l'impossibilité d'une mémoire rationnelle. Martin Walser, opposé à tout monument de la destruction des Juifs, reprend cette argumentation[317]. Il parle, à propos du mémorial d'Eisenman, de monument de la honte inacceptable. Grass adhère à cette argumentation. Les deux célébrités intellectuelles avaient l'âge d'homme au moment de la guerre totale d'Hitler. Grass, enrôlé dans la Waffen-SS, peut certes éprouver de la honte. Mais les générations après-guerre ne sont pas responsables des crimes de leurs ascendants, pas plus que les générations futures. En revanche, si ces nouvelles générations refusent de s'interroger sur le judéocide, alors ils sont coupables et irresponsables. La réalisation du monument, le plus important à Berlin, est un signe éminemment positif qui témoigne des forces démocratiques et éclairées de l'Allemagne contemporaine. Grosser a raison de remarquer que l'Allemagne a fait beaucoup pour lutter contre son amnésie. Mais il reste un pan entier de non reconnaissance de ses crimes. La RFA n'a pas reconnu les crimes massifs de civils polonais et la liquidation des élites polonaises. Elle n'a pas reconnu les meurtres en série des civils soviétiques non juifs. Elle n'a pas voulu enregistrer l'assassinat par la faim de millions de prisonniers soviétiques. Dès qu'il s'agit de reconnaître ses crimes à l'Est, autres que le judéocide et les Tsiganes, la RFA reste silencieuse. L'anticommunisme allemand sert de légitimité posthume au nazisme comme l'a montré « la Querelle des historiens » avec Nolte et Hillgruber. Ce dernier cherche à réhabiliter l'armée du Reich s'opposant à l'Union soviétique en 1945, une résistance héroïque des soldats allemands contre l'avancée du communisme. En 1984, une exposition organisée par la Bundeswehr, circule en RFA ; elle présente le soldat héroïque sur le front de l'Est. Il faudra attendre les années 1996-97 pour une exposition présentant la complicité de la Wehrmacht dans le judéocide, l'assassinat des Tsiganes et des civils polonais et soviétiques.

[317] Selon le grand critique littéraire allemand Reich-Ranicki, Martin Walser est l'un des plus brillants essayistes de la littérature allemande d'aujourd'hui, l'un des intellectuels les plus étonnants et intéressants. Voir *Ma vie,* trad. J. Etoré et B. Lortholary, Paris, Grasset, 2001, p. 316.

Sans l'Union soviétique, l'Europe de l'Ouest aurait été nazifiée. L'Union soviétique a sacrifié 13 millions de soldats sans lesquels la guerre aurait été perdue. Nolte, antisémite selon Friedländer, cherche de son côté à relativiser la barbarie du judéocide et les meurtres de masse du nazisme en les comparant au stalinisme. Il n'y aurait pas d'exception allemande dans le meurtre, le stalinisme explique la politique criminelle d'Hitler lors de l'invasion de l'URSS. Le gazage est la seule caractéristique du judéocide, pour Nolte.

On voit mal pourquoi affamer et tuer des millions d'Ukrainiens comme le firent les staliniens justifie le judéocide. Les crimes communistes ne justifient pas les crimes nazis. Nolte et Hillgruber ont été défendus par Fest, un historien du nazisme de la droite politique. Hildebrant et Nipperday ont de même soutenu Nolte.

La question de l'unicité du judéocide est un point important de « la Querelle des historiens ». Dans sa controverse avec Nolte et Hillgruber, Habermas eut le soutien de Broszat, Mommsen (Hans et Wolgang), Jäckel, Kocka, Wehler et Heinrich Winkler.

Après 1989 et la chute du mur, les historiens de droite cautionneront la volonté de la RFA d'éradiquer la mémoire de la RDA qui a été authentiquement antifasciste. La RDA fut la première à créer des mémoriaux dans les camps de concentration nazis. Elle a su mieux que la RFA épurer son passé nazi. Son erreur massive, c'est de ne pas avoir reconnu le judéocide dans sa spécificité, s'être approprié les biens juifs volés par les nazis, ne pas avoir proposé de réparations aux survivants et à Israël, et surtout d'avoir alimenté un antisionisme aveugle. Peter Dans son livre *Chute libre à Berlin* (1999), Schneider écrit que la RFA, après la chute du Mur, a licencié de manière massive des enseignants du supérieur de la RDA, notamment des enseignants-chercheurs en sciences humaines. Ce fut une aubaine pour des enseignants de la RFA et pour leur carrière. La validité des diplômes de la RDA fut remise en cause. À l'université Humboldt de Berlin en 1993, 70% des enseignants furent remplacés par des enseignants de l'Ouest. L'annexion de la RDA par la RFA, s'est traduite par une désindustrialisation de l'Allemagne de l'Est et sa paupérisation. Autosuffisante économiquement, la RDA dépend aujourd'hui des subventions de l'Allemagne. Par cette annexion, « l'Allemagne a reconquis la centralité économique et géopolitique en Europe qu'elle avait perdue en 1945 [318] ». L'éradication culturelle de la RDA va jusqu'à liquider sa mémoire quotidienne en changeant notamment le nom des rues et en détruisant ses monuments.

Le nom de nombreuses rues de Berlin-Est a été changé pour liquider la mémoire. L'artiste Sophie Calle note par exemple la suppression de la rue Wilhelm Pieck transformée en rue de la Porte. Pieck, d'abord membre du SPD, rejoint le groupe Spartacus durant la Première Guerre mondiale. Il est le co-fondateur du parti communiste allemand ; il est en exil à partir de 1933. Président du parti communiste en 1935, c'est un résistant au fascisme. Il devient Président de la RDA en 1949 avec un pouvoir restreint. L'amnésie organisée par l'ancienne RFA, s'en prend aux adversaires du nazisme[319].

On a souvent associé la RDA au nazisme en RFA. Habermas remarque à ce propos que la RDA n'a déclenché aucune guerre mondiale, qu'elle n'a pas planifié des génocides et qu'elle n'en a commis aucun. L'assimilation est irrecevable[320].

La liquidation du passé de la RDA n'a pas laissé indifférent l'artiste Hans Haacke qui a réalisé, en 2006, un contre-monument à Rosa Luxembourg. Il s'agit de bandes de bronze et de laiton au sol, avec des citations de la révolutionnaire de Spartacus. Le lieu, la Rosa Luxemburg Platz, se situe au cœur de l'ancien quartier juif de Berlin, à côté du théâtre de la Volksbühne et du cinéma Babylon. Il s'agissait du QG du communisme allemand dans les années 1920.

Habermas dit qu'il ne s'agit pas d'instituer la Shoah en mythe fondateur de la République fédérale. Ce serait supprimer le passé allemand. Il faut se rattacher à des principes constitutionnels universalistes et s'opposer au nationalisme. Le monument, par sa présence, exhortera les générations actuelles et prochaines au souvenir et à la réflexion critique. Le débat, qui eut lieu avant le

---

318 Vladimiro Giacché, *Le Second anschluss. L'annexion de la RDA. L'unification de l'Allemagne et l'avenir de l'Europe,* trad. Marie-Ange Patrizio, Éditions Delga, 2015, p. 166.

319 Sophie Calle, *Souvenirs de Berlin-Est*, Actes sud, 2013.

320 Habermas, « Que signifie aujourd'hui le « travail de mémoire », in *De l'usage public des idées, op.cit.*, p. 69.

monument d'Eisenman, ne suffit pas, aussi intéressant fût-il. Selon Habermas, la recherche historique ne peut pas remplacer un tel mémorial. Il est une production collective suite à des débats publics. Une recherche historique n'a pas cette dimension. Elle n'implique pas la responsabilité d'une collectivité et d'institutions. Ici, Habermas argumente contre des historiens qui prétendent que le monument n'apporte rien en termes de connaissance. Si on en reste à une expérience esthétique superficielle, on ne comprendra pas ce monument. La connaissance est requise pour en faire une véritable expérience. Comme pour toute production culturelle de haut niveau, il convient d'être éduqué pour faire honneur à une œuvre d'art. Eisenman est un architecte cultivé se référant à la pensée philosophique contemporaine. Sans ces références, le mémorial demeure en partie incompréhensible. Mais surtout, il est lié à l'histoire de l'art et de l'architecture contemporaine. Sans connaissance de ces domaines, on s'expose à une réception indigente du mémorial et nullement à la hauteur d'une mémoire authentique du judéocide. Il y a un besoin de ritualisation et de représentation symbolique pour un crime aussi démesuré que le judéocide qu'aucune recherche historique ne peut instituer.

Habermas défend l'abstraction artistique du Mémorial, son austérité et son apparence sans concession. Le mémorial appartient à un art que tous les populismes culturels rejettent, à commencer par les nazis et les staliniens. On a reproché au mémorial sa monumentalité. Habermas est bien conscient que le monumental est le plus souvent *kitsch*. Les monuments sont souvent nationalistes. Le philosophe regrette la reconstruction du château des Hohenzollern que l'on a pu présenter comme une alternative au mémorial d'Eisenman. Le mémorial ne cherche pas à impressionner et dominer les visiteurs, comme le monumentalisme caricatural nazi. Par bien des aspects, il est anti-monumental avec son horizontalité contre toute élévation verticale et son absence radicale de religiosité et de transcendance. Sa fragmentation et l'inscription d'un mouvement dans tout le champ sculptural contredisent l'immuable suggéré par la monumentalité traditionnelle. Il ne cherche pas à écraser. Il s'adresse à des individus et non à une masse. Il ne s'agit pas de subordonner ou pire de terroriser comme dans la monumentalité hitlérienne et stalinienne. Habermas remarque, à juste titre, que le mémorial n'est pas physiquement vraiment oppressant, même s'il est lié à la négativité historique. Il répond ainsi à une critique du mémorial qui considère qu'il est très angoissant, et traditionnel car étendu et donc monumental.

Le rejet *a priori* du monumental dans le monde de l'art contemporain est un préjugé qui date des années 1970. De nombreux artistes importants, aujourd'hui, n'hésitent pas à transgresser l'échelle humaine comme Kapoor, Serra, Kiefer ou Boltanski. Ce dernier, en 2010, a réalisé une œuvre, *Personnes*, dans le Grand Palais (Paris), qui est un amoncellement impressionnant d'habits (15 mètres de hauteur) qui rappelle le « Canada » d'Auschwitz[321]. Un enregistrement sonore fait entendre des battements de cœur. Comme toujours en art, il faut juger cas par cas.

[321] « Canada » est le nom du bâtiment qui, à Auschwitz, contenait les habits et les différents objets dérobés aux Juifs dès leur arrivée dans le camp, sur la Rampe.

15/ Les complicités européennes

Habermas écrit : « Il faut regagner une conscience nationale à partir des meilleures traditions de notre histoire[322]. » Cela est vrai aussi pour les autres nations ou peuples qui ont participé à la destruction des Juifs d'Europe. Habermas réduit trop les destinataires du monument aux Allemands. Les alliés de l'Allemagne nazie, sauf exception, ont institué dans les années 1930 des lois anti-juives comme la Hongrie, la Roumanie, la Bulgarie, l'Italie. Des nations comme les Pays-Bas et la France, ont aidé de manière déterminante les Allemands à la déportation de dizaines de milliers de Juifs vers les centres de mise à mort en Pologne. La Roumanie a massacré elle-même des dizaines de milliers de Juifs, rappelant ainsi que les Allemands du Troisième Reich n'étaient pas les seuls à être des antisémites exterminateurs, comme l'a cru Goldhagen. L'Autriche a donné un contingent important de SS pour les camps de concentration et le judéocide. On peut compter les pays Baltes parmi les exécuteurs des Juifs, notamment les Lithuaniens. Les Ukrainiens ont fourni des troupes auxiliaires importantes pour l'assassinat des Juifs, notamment durant la Shoah par balle. Les Bulgares ont livré aux Allemands les Juifs de Macédoine et de Thrace en aidant leur déportation vers la mort. De nombreuses administrations européennes ont, avec zèle, collaboré à la destruction des Juifs comme par exemple les administrations néerlandaises et françaises. L'administration néerlandaise, en dépit de grèves uniques de la population contre les lois anti-juives en 1941, organisa efficacement, la concentration et l'arrestation des Juifs. Elle livra ceux-ci aux Allemands qui les déportèrent dans les camps de mise à mort en Pologne. En Belgique, à Anvers, le nationalisme flamand antisémite avec ses milices a contribué à l'arrestation des Juifs et à leur déportation[323]. En Hongrie, en 1944, 200 000 Juifs sont emprisonnés dans des ghettos avec la collaboration décisive de la gendarmerie hongroise. Les autorités hongroises demandent leur déportation aux Allemands. Des civils et des gendarmes hongrois

---

322 Habermas, art. cit. in *Cités,* p.115.

323 Michael R. Marrus, Robert O. Paxton. *Vichy et les juifs*, trad. M. Delmotte, Paris, Calmann-Levy, 2015, p. 864.

s'enrichissent en spoliant les Juifs. L'administration hongroise collabore à la déportation de centaines de milliers de Juifs hongrois (440 000 à Auschwitz entre mai et juillet 44) qui sont dans leur grande majorité assassinés dès leur arrivée. Le meurtre des Juifs hongrois a été l'activité la plus intense d'Auschwitz. Kertez déclare que la Hongrie n'a jamais reconnu sa participation à la destruction des Juifs et que la question est, en Hongrie, indifférente. Le communisme soviétique et européen, jamais à l'abri de l'antisémitisme, a blanchi la Hongrie en refusant de considérer que les Juifs sont des victimes spécifiques non comptabilisables dans les victimes de guerre.

On peut étendre la culpabilité en pensant au Canada qui accepta très peu de réfugiés juifs avant 1939. Les Américains n'ont pas changé leur quota restrictif pour accueillir des Juifs allemands ou autrichiens avant la guerre. La Grande-Bretagne a refusé aux réfugiés juifs la possibilité de rejoindre la Palestine. En 1943, lors de la conférence des Bermudes, les Alliés refusent d'accueillir des Juifs alors qu'ils savent qu'ils sont exterminés par les Allemands.

La France s'est illustrée en déportant des réfugiés juifs et des Juifs français. La Bulgarie a refusé de livrer les Juifs bulgares. Les Danois ont protégé leur communauté juive. Les Finlandais, alliés des Allemands, n'ont jamais édicté de lois anti-juives ou collaboré au génocide nazi.

Le mémorial d'Eisenman s'adresse aux Européens. Ils ont la même obligation que les Allemands, même s'ils ne sont pas à l'origine de la décision de l'extermination des Juifs d'Europe. C'est l'antisémitisme européen qu'il faut interroger. Il faut diffuser une mémoire de l'histoire de l'antisémitisme, et pas seulement en Europe. L'antisémitisme actuel le plus dangereux est celui de l'islamisme. Il convient d'informer aussi sur l'histoire de l'antisémitisme musulman qui moins criminel que le chrétien, est bien réel. Schama écrit : « Riches ou pauvres, les Juifs de Tunis étaient tous obligés de payer la Jizya et étaient soumis à d'éternelles humiliations et des interdits divers concernant leur vie quotidienne[324]. » La protection des Juifs était offerte par les musulmans à la condition qu'ils payent l'impôt : la Jizya. « Les Juifs ne devaient pas porter d'armes, ce qui les rendait vulnérables. Des interdits vestimentaires et des obligations diverses leur étaient imposés pour qu'ils soient bien reconnaissables[325]. » Les humiliations pouvaient être fréquentes, pas les massacres. Le Juif avait un statut de seconde zone depuis l'époque médiévale.

Habermas dit que représenter en art la rupture de civilisation que représente Auschwitz est difficile, voire impossible. Eisenman serait d'accord avec ce diagnostic. Pourtant, son mémorial, en créant un espace paranoïaque au sens de Lacan, rend bien compte de l'antisémitisme dément des hitlériens[326]. Le mémorial mime un rationalisme au service d'un fantasme allemand de persécution lié à l'idéologie raciale[327].

---

324 Simon Schama, *L'histoire des juifs. De1000 avant notre ère à 1492,* Trad. P.-E. Dauzat, Paris, Arthème Fayard/ Pluriel, 2019, p. 365-366.

325 *Ibid.*

326 Voir Jacques Lacan, *De la psychose paranoïaque, dans ses rapports avec la personnalité*, Paris, Le Seuil, 1975.

327 Sur l'importance de cette idéologie raciale, voir Johann Chapoutot, *Comprendre le nazisme*, Paris éditions Tallandier, 2018 et *Le Nazisme et l'Antiquité,* Paris, PUF, 2012.

16/ La Shoah et le rationalisme totalitaire

Les connotations rationnelles des blocs de béton et de leur alignement sériel renvoient à l'idée de système et de totalité que la trame des blocs associe au chaos. À propos du mot totalité, Klemperer écrit : « La totalité, une des poutres maîtresses de la LTI [328]. » Le mot « organisation » est aussi un mot important dans la LTI (la langue du 3e Reich). Il faut « tout organiser, tout centraliser le plus rigoureusement possible[329] » ; organiser revient souvent dans la langue frelatée des nazis. L'idée que le nazisme était un régime totalitaire est discutée par les experts. Bracher par exemple pense que ce régime est totalitaire[330]. Kershaw ne le croit pas. Quoi qu'il en soit, la mise en œuvre du judéocide d'une efficacité incroyable, a bien une composante totalitaire. Son caractère méthodique, systématique, maniaque même (une marque caractéristique d'Himmler et de ses SS) et son idéal de la destruction de tous les Juifs ont bien des traits totalitaires, de même que son caractère bureaucratique et étatique. Hilberg rappelle que des fonctionnaires appartenant à des quantités de bureaux travaillent aux déportations : la Chancellerie du Reich, le ministère de l'intérieur, les Églises, la chancellerie du parti, le ministère de l'éducation, de la propagande, de l'économie, la Dresdner Bank, le ministère des Finances, des affaires étrangères, des transports, des forces armées, des autorités municipales, des ministères des territoires occupés de l'Est, tous les services de la SS et de la police allemande[331]. Toute cette bureaucratie allemande a ses relais dans les administrations des États collaborant à la destruction des Juifs en Europe. Le mémorial fait allusion à cette machine massive se coordonnant progressivement.

---

[328] Victor Klemperer, *LTI, La langue du troisième Reich,* trad. E. Guillot, Albin Michel, 1996, p. 140.

[329] *Ibid.*, p. 143.

[330] Karl Dietrich Bracher, *Hitler et la dictature allemande. Naissance, structure, et conséquences du National-Socialisme*, trad. F. Straschitz, éditions Complexes,1995.

[331] Raul Hilberg, *Exécuteurs, victimes, témoins,* trad. M.-F de Paloméra, Paris, Gallimard, 1994, p. 48-51.

Broszat comme Arendt parle de régime totalitaire, à partir de 1938, en Allemagne[332]. La Nuit de cristal est peut-être le meilleur marqueur de ce passage d'un régime autoritaire fasciste à un totalitarisme ayant des traits démentiels. Les représailles des nazis, suite à l'assassinat d'un diplomate allemand, se traduisent par l'enfermement de 30 000 Juifs dans des camps de concentration, par une centaine de Juifs assassinés, et par une amende expiatoire considérable ; 75 synagogues sont incendiées dans le Reich dont 15 à Berlin, 8000 boutiques juives sont détruites[333]. Les pogroms de la Nuit de cristal ont donné une mauvaise image de l'Allemagne dans le monde[334]. Une partie des Allemands reprouve cette violence organisée par le parti nazi et les SA. Himmler et Heydrich donneront la préférence à une approche systématique et rationnelle de la question juive[335]. Cette volonté relative de mise à l'écart de la pratique du pogrom conduit les responsables SS du judéocide à une vision aseptisée du crime. Fischer, l'un des organisateurs en Pologne de la mort des Juifs, déclare au juriste Hans Frank, chef du gouvernement général de la Pologne et antisémite fanatique : « Nous autres Allemands suivons, en tout la méthode de la raison et non pas l'instinct bestial ». En fait, les Juifs ont dû subir les deux, le pragmatisme maniaque des SS et la bestialité des déportations, des camps de concentration et surtout des camps de mise à mort comme Belzec, Chelmno, Sobibor, Treblinka, Maïdanek et Auschwitz.

Le nazisme en tant que système totalitaire a des traits spécifiques qui sont bien résumés par Todorov[336]. Le totalitarisme est lié à une volonté de contrôle total. Les nazis n'ont pas eu la possibilité de ce contrôle par manque de temps, mais la volonté totalitaire est bien là. Le judéocide montre bien aussi cette volonté

---

332 Martin Broszat, *L'État hitlérien. L'origine et l'évolution des structures du troisième Reich,* 1970, trad. P. Moreau, Paris, Fayard, 2012.

333 Voir Kerschaw, *Hitler,* trad. P.-E. Dauzat, Paris, Flammarion, 2008.

334 Une belle sculpture réalisée à Göttingen en 1973 commémore la Nuit de cristal. Le sculpteur Corrado Cagli, à l'aide de six poutres de fer, configure une étoile de David à deux mètres du sol et une sculpture de 6 mètres de haut qui est une pyramide vrillée formant une flamme. C'est une commémoration artistique parmi les meilleures en Allemagne.

335 Kershaw Ian, *Hitler*, trad. P.-E. Dauzat, Paris, Flammarion, 2008, p. 542.

336 Tzvetan Todorov, « Le totalitarisme encore une fois », in Enzo Traverso, *Le Totalitarisme. Le XXe siècle en débat*, Seuil, 2001, p. 779-799.

de tuer tous les Juifs d'Europe de manière méthodique et systématique. On a relativisé la rationalité de la dictature nazie, montré ses dysfonctionnements et sa polycratie allant jusqu'à, comme Broszat, parler de « dictature faible » ; Broszat parle du manque de structures du régime nazi. Mais des millions de Juifs ont été tués en un temps record ; sur ce plan, les dysfonctionnements du génocide sont tout relatifs et la décision de tuer ne souffre pas d'atermoiements. Hilberg écrit : « Hitler transforma la machine administrative décentralisée et diversifiée de l'Allemagne en un maillage d'organismes travaillant à l'unisson pour que les tueries massives, les déportations et les gazages puissent être simultanément accomplis[337]. » Friedländer, intentionnaliste, remarque contre les fonctionnalistes Broszat et Mommsen que « l'extermination de millions de personnes disparaît dans un épais brouillard institutionnel dans leurs ouvrages[338] ». La « Querelle des historiens » en Allemagne a relégué l'opposition de Broszat et Friedländer à un second plan. Broszat a déclaré lors de cette confrontation que « la mémoire de survivants juifs et de leurs descendants est une mémoire mythique. C'est un obstacle grossier pour une historiographie plus rationnelle[339] ». Broszat a une tendance nette à relativiser l'antisémitisme des Allemands. Le quotidien des Allemands ne s'arrêterait pas à la condition juive, a fortiori pendant la guerre. La propagande antisémite des nazis n'aurait pas eu des effets importants[340]. D'autre part, la résistance au nazisme était trop dangereuse pour une quelconque opposition. Friedländer note l'inscription de Broszat au parti nazi, ce qui pourrait expliquer son souci de disculper les Allemands et leur complicité

---

337 Hilberg, *Executeurs, victimes, témoins. La catastrophe juive 1933-1945*, trad. M.-F. de Paloméra, Paris, Gallimard, 1994, p. 41.

338 Saul Friedländer, *Où mène le souvenir. Ma vie*, Paris, Seuil, 2016, p. 245.

339 Broszat cité par Friedländer, *ibid.*, p. 276.

340 Johann Chapoutot écrit que « le travail intellectuel des universitaires nazis n'est pas confiné dans la confidentialité des revues. Il est massivement rendu public dans l'enseignement, la presse, le cinéma, les formations idéologiques pour les SA, les SS, les Hitlerjugend, les membres du parti ». L'absence d'effet de la propagande antisémite est peu crédible. Voir Chapoutot, *Comprendre le nazisme*, Paris, Éditions Tallandier, 2018, p. 86. Kerschaw écrit : « L'antisémitisme pénètre tous les milieux sociaux en Allemagne ».Voir *Hitler,* trad. P.E. Dauzat, Paris, Flammarion, 2008, p. 416. Pour l'historien, l'antisémitisme est le ciment idéologique du mouvement nazi.

avec les hitlériens. Ruth Klüger déclare : « Quiconque se penche sur l'holocauste interprète, y compris l'historien avec ses documents[341]. » Kershaw, pareillement, parle de la pseudo-neutralité de l'historien contre le scientisme de quelques chercheurs égarés. En tout cas, des millions de Juifs ont été assassinés en un temps record, ce qui démontre une organisation très efficace et beaucoup plus de complicités que Broszat l'estime.

Pour Friedländer, « une majorité d'adultes en Allemagne était au courant de l'extermination des Juifs au milieu de 1943[342] ». Les lettres envoyées par des milliers de soldats sur le front russe confirment l'efficacité de la propagande nazie avec leur adhésion à l'anticommunisme, à une guerre raciale et à un antisémitisme cruel. Peter Frietzche rappelle que les soldats allemands envoient à leur famille des photographies des massacres de Juifs quand ils ne participent pas eux-mêmes aux tueries. À l'automne 1941, les massacres de Kiev et de Kaments-Podolsk se diffusent dans toute l'Europe[343]. Les Allemands écoutant la BBC savaient, à partir de la mi-1942, que l'on tuait les Juifs à l'Est[344]. Comme presque toutes les populations d'Europe, les Allemands n'ont fait aucune objection à la discrimination des Juifs dans les années 1930, les aryanisations étaient trop intéressantes pour s'y opposer. L'expropriation des biens financiers, immobiliers et mobiliers des Juifs rapportait à l'État allemand et donc aux contribuables[345]. Les banques, les assurances, les notaires étaient impliqués. Adam Tooze écrit que les grandes banques, la Deutsch et la Dresdner, se disputent le marché de l'aryanisation en Allemagne.

La terreur comme instrument de gouvernement est un trait du totalitarisme nazi. Ce sont les Juifs qui ont été tout particulièrement visés par ce terrorisme d'État qui s'est appliqué progressivement aux Tsiganes, aux handicapés physiques et mentaux, aux homosexuels, aux asociaux ou ce que les nazis considéraient

---

[341] Ruth Klüger, *op.cit.*, p 331.

[342] Friedländer, Où mène le souvenir… *op.cit.*, p. 263.

[343] Christian Ingrao, *Croire et détruire. Les intellectuels dans la machine de guerre SS*, Fayard, 2010, p. 518.

[344] Voir Gellately Robert, *Avec Hitler. Les Allemands et leur Führer*, Flammarion, trad. P.-E. Dauzat, 2003.

[345] Adam Tooze, *Le Salaire de la destruction. Formation et ruine de l'économie nazie*, trad. P. E. Dauzat, Paris, Les Belles Lettres, 2012, p. 281.

comme tels. Arendt a souligné aussi cette composante de la terreur dans le totalitarisme en la considérant essentielle. « La terreur totale, dit-elle, est l'essence du régime totalitaire[346]. ». Elle précise : « La terreur et son cercle de fer, la destruction de la pluralité des hommes, la création à partir du multiple de l'Un[347] » composent les orientations des régimes totalitaires. Le mémorial d'Eisenman est une image cryptée de la terreur nazie. La tendance à l'unification est un autre aspect. Le communautaire domine les aspirations individualistes jusqu'à les invalider. L'unité raciale implique l'esclavage des autres races ou leur extermination pure et simple. Le nazisme se réfère à un peuple unifié qui a liquidé les oppositions de classes et toute opposition politique. Il instaure une symbiose entre l'État et le parti unique. Il fusionne tous les pouvoirs en révoquant la distinction des pouvoirs législatif, judiciaire et exécutif. La justice allemande n'a plus d'autonomie, la police, notamment la gestapo se substitue aux magistrats consentants. Toutes les libertés sont supprimées, liberté d'expression, d'opposition, de presse etc. Le totalitarisme est lié à la massification. Tous ces aspects transparaissent dans le mémorial qui suggère un monde militarisé, discipliné, impersonnel, muet, unifié, despotique, sédentarisé, massifié comme dans les rassemblements nazis de Nuremberg.

Le noyau de l'idéologie nazie est scientiste en se fondant sur la théorie des races. La biologie est le fondement de cette idéologie. Les sciences, pour les hitlériens, se mettent au service de l'extermination de masse. Des médecins collaborent au programme T4 et à la mise au point de centres de mise à mort en Pologne pour tuer les Juifs d'Europe[348]. Le corps médical est aussi actif dans les camps de concentration pour faire des expérimentations sur les Juifs et les Tsiganes. Le corps médical, avec celui des juristes et des universitaires, fait partie des corporations les plus nazifiées. Le camp de concentration est une institution sociale de ce totalita-

---

346 Arendt, « Le totalitarisme », in *L'Origine du totalitarisme*, *op.cit.* p. 819.

347 *Ibid.*, p. 821.

348 Le programme T4 est la mise en œuvre de l'euthanasie non consentie des handicapés physiques et mentaux par des médecins nazis sur ordre d'Hitler. T4 renvoie au 4 Tiergartenstrasse à Berlin, QG du programme criminel.

risme. Le totalitarisme est indissociable de la société industrielle moderne, comme le judéocide.

Sur le plan culturel, le nazisme n'a pas réussi à s'imposer dans les années 1930. Les références architecturales sont peu différentes de celles de la république de Weimar. Behrens est une référence de Hitler, à côté de son goût pour le néoclassicisme, et les styles néo-renaissants et néo-baroques du Ring de Vienne. La littérature classique est respectée notamment Goethe, Schiller, Kleist, Grabbe et Hebbel. Shakespeare est considéré par Goebbels comme un auteur nordique. La musique officielle contemporaine est représentée par Richard Strauss, Hindemith, Pfitzner[349] et durant les années 1940, par Carl Orff. Rosenberg, le concurrent de Goebbels pour la culture et la propagande, fera tout pour limiter les pouvoirs de Strauss dans le monde musical et contraindra Hindemith à s'exiler. *Les Carmina Burana* furent la carte de visite culturelle et musicale des nazis. Les concerts furent dirigés par Karajan et Rosbaud. Une mise en scène a lieu à Dresde sous la direction de Böhm. L'œuvre considérée comme fasciste devait engourdir l'auditeur et le livrer à des forces irrationnelles selon ses détracteurs. Carl Off a été l'idole de nombreux dirigeants nazis. Pour une fois la barbarie en art était approuvée par la culture nazie qui était chargée habituellement de travestir les horreurs du régime. À propos du *Sacre* de Stravinski, Adorno dit « qu'on n'aurait pas pu le jouer dans le Troisième Reich des innombrables sacrifices humains[350]. » C'est seulement, en 1944, quand la barbarie du nazisme n'était plus un mystère, que « les nerfs esthétiques, dit Adorno, brûlent de retourner à l'âge de pierre[351] », notamment les *Carmina Burana* de Carl Orff qui eurent un succès phénoménal[352]. Le succès des *Carmina Burana* avait fait de lui une sorte d'idole de l'establishment culturel nazi[353].

---

349 Pfitzner, antisémite, idolâtrant les dirigeants nazis, est le compositeur en vue le plus nazifié du 3e Reich et célébré en Allemagne dans les années 1930 et 1940. Voir sur ce compositeur le livre de Michael H. Kater, *Huit portraits de compositeurs sous le nazisme*, Trad. Sook Ji et Martin Kaltenecker, Éditions Contrechamps, 2011.

350 Adorno, *Philosophie de la nouvelle musique*, *op.cit.*, p. 155.

351 *Ibid.*, p. 156.

352 Kater, *Huit portraits de compositeurs sous le nazisme, op.cit.*, p.162.

353 *Ibid.*, p. 166.

Dans les arts plastiques et le cinéma, même Hitler, très conservateur dans ces domaines, devait convenir qu'il n'y avait rien de très mémorable à part Breker, Thorak et Kolbe pour la sculpture nazie et Riefenstahl pour le cinéma. Il soutenait la propagande culturelle de Goebbels qui misait sur le cinéma, l'art le plus populaire et le plus puissant pour la transmission de l'idéologie nazie et la manipulation des masses. Hitler était un consommateur de l'art de masse au cinéma, en musique (l'opérette) et en littérature (Karl May). Hitler en peinture avait pour référence majeure le kitsch de l'Autrichien Makart. Sa position sur les arts plastiques est explicitée dans son allocution introduisant l'exposition de l'art dégénéré en 1937. L'impressionnisme, le cubisme, le dadaïsme, l'expressionnisme sont considérés comme des arts cosmopolites sous l'influence des Juifs qui ont réussi « à détruire toute sensation artistique saine[354] ». « Les aberrations les plus monstrueuses » sont présentes dans ces arts qui sont liés à la mode. Hitler exige un art allemand capable d'une vie éternelle. L'artiste doit être au service du peuple et jugé par lui. L'art moderne produit des « œuvres d'art incompréhensibles, un art pour des artistes, nécessitant pour se justifier un mode d'emploi grandiloquent[355] ». Les pratiques scandaleuses des artistes « relèvent du droit pénal ». L'exposition de l'art dégénéré sonne la fin de l'anéantissement culturel du peuple allemand. « Nous mènerons désormais, dit Hitler, une guerre d'épuration impitoyable contre les derniers agents de la décomposition de notre peuple[356]. » Les détracteurs actuels de l'art contemporain, parfois, ne sont pas éloignés des points de vue de Hitler, sans le savoir. Les défigurations du corps humain dans des œuvres modernes étaient vues par Hitler comme une apologie des infirmes que, par ailleurs, il faisait tuer en masse[357].

Todorov souligne le rejet de l'universalisme par les nazis et leur philosophie politique radicalement hostile à la démocratie. Contradictoire, leur pensée s'oppose à la philosophie des

---

[354] Adolf Hitler « Allocution d'inauguration de la « Grande exposition d'art Allemand », in *Art en théorie 1900-1990, op.cit.*, p. 477.

[355] *Ibid.*, p. 478.

[356] *Ibid.*, p. 479.

[357] Voir Götz Aly, *Les Anormaux. Les meurtres par euthanasie en Allemagne (1939-1945),* trad. T. Chazal, Paris, Flammarion, 2014.

Lumières, mais recourt à une justification scientifique, le racisme, pour sa logique meurtrière. La guerre les précipite dans une adhésion sans réserve à la technoscience, condition *sine qua non* pour la domination de l'Europe. Les aspects völkisch de leur idéologie sont finalement destinés à l'arrière du front pour les petits-bourgeois et les couches populaires arriérées. La référence aux mythes germaniques et plus généralement le romantisme réactionnaire et antimoderne du nazisme, entretenu par Darré, Himmler et Rosenberg à partir de l'entrée en guerre, sont marginalisés pour laisser la place à un réalisme politique associé à un rationalisme meurtrier. Le nazisme, dans le réel, c'est le règne de la rationalité instrumentale dénoncée par Adorno et Horkheimer. Le passage d'un mythe agrarien et anachronique du nazisme à la modernité est bien représenté par l'émergence de Herbert Backe, appartenant à l'élite intellectuelle nazie et se substituant à Darré, ministre de l'Agriculture. Backe est pour la mécanisation et la rationalisation de l'agriculture. Son orientation est cohérente et pragmatique. Il est chargé de tout le ravitaillement du Reich. En 1944, il est ministre du Reich. La stratégie de Backe consiste à décimer les populations slaves et juives pour approvisionner la Wehrmacht et à l'arrière, les Allemands. Tuer des millions de soviétiques par la faim fait partie de son programme. Il est pour le Plan de 4 ans : affamer des millions de slaves avant même la décision de la Solution finale. Il a l'acquiescement des chefs de la Wehrmacht et des dirigeants nazis.

Aly écrit que le judéocide est : « Le cauchemar d'un rationalisme habile mis au service de l'élaboration d'une politique criminelle[358]. » Backe ne fait pas de référence à l'idéologie antisémite radicale. Son projet de déportation en Sibérie de 80% des Polonais ne cherche pas de légitimité du côté du racisme. Il faut exterminer par la maladie, la faim, le travail pour rendre rentable les nouvelles colonies à l'Est.

Alexis Meier dit à Eisenman que de nombreux architectes et lui-même ont essayé de dégager la rationalité du travail de l'architecte. La réponse d'Eisenman : « Vous devriez leur dire que la rationalité est finie. La rationalité, c'est ce qui a envoyé les gens dans les chambres à gaz. Mon mémorial à Berlin évoque cette

---

[358] Götz Aly et Susanne Heim, *Les Architectes de l'extermination*, *op.cit.*, p. 28.

rationalité qui déraille, c'est-à-dire trop de rationalité, trop de croyance en la rationalité mène à la destruction[359] ». Eisenman ajoute : « Dites à vos architectes d'aller voir le *Manhmal* à Berlin[360]. » L'expression de *Manhmal* indique que pour Eisenman, son monument est lié à l'idée de faire resurgir ce qui a été refoulé par les Allemands : leur barbarie durant le régime nazi.

Libeskind s'en prend aussi à la rationalité dans la conception de son musée à Berlin. Il écrit « Ce qui prédomine dans le monde, ce qui domine et souvent tue, se fait toujours au nom de la Raison[361] ». Son musée proviendrait de l'irrationnel, à la différence de l'architecture moderniste rationaliste. La composante métaphorique et poétique du musée transcende en effet la raison. « La matrice irrationnelle et invisible du projet » de son musée est un entrelacs de lignes qui relient les adresses, dans Berlin, de personnalités qui ont contribué à la création d'une culture berlinoise exemplaire. Ces personnes sont Mies van der Rohe, Celan, Schönberg, Benjamin, Heine, Kleist, Rahel Varnhagen, Hoffmann, Schleiermacher. Ce jeu de lignes hexagonales et déformées, non rationnelles, échappe aux matrices en grille du modernisme. En reliant ces différents noms, Libeskind, comme le remarque Derrida, se fonde sur une symbiose judéo-allemande qui n'a jamais existé selon Scholem et lui-même. Derrida, en faisant cette objection à l'architecte, rappelle l'aveuglement du philosophe néo-kantien Hermann Cohen qui croyait à la symbiose judéo-allemande que son nationalisme présentait comme une avant-garde de l'humanité[362]. La Shoah a pulvérisé les illusions de cette symbiose. Derrida par ailleurs se méfie de la présentation des Juifs comme une avant-garde de l'humanité, comme le fait Libeskind[363]. Les idées de Libeskind à propos de son musée ne sont pas forcément déterminantes pour la compréhension de son édifice. Le bâtiment est ouvert à l'interprétation. Il a une ambi-

---

[359] Eisenman, in Alexis Meier, *Peter Eisenman. Machine critique de l'architecture,* CH-Gollion, Infolio, 2019, p. 207.

[360]« Eisenman, entretien avec Meier » (2002), in Alexis Meier, *ibid*, p. 208.

[361] Daniel Libeskind, « Entre les lignes. Le musée juif de Berlin », in Derrida, *Les Arts de l'espace*, *op.cit.* p.141.

[362] Derrida, *Les Arts de l'espace*, *op.cit.*, p.154.

[363] L'architecte déclare : « L'évènement absolu de l'histoire, c'est la Shoah et l'incinération de l'avant-garde de l'humanité ».

valence forte. Il revendique sa dimension artistique et à juste titre sa composante expérimentale inédite et esthétique. Le musée, avec sa forme sculpturale, n'a rien de monumental. Il a des connotations qui dépassent les intentions de son auteur.

Des traits de cette rationalité pervertie sont signalés par Adorno et Horkheimer qui écrivent : « La démarche mathématique (est) transformée en rituel de la pensée[364]. » La pensée ne détruit pas seulement les qualités, « elle contraint les hommes à être de véritables copies conformes[365] ». La quantité s'est substituée à la qualité dans le mémorial mathématisé et géométrisé d'Eisenman. Adorno écrit que la rationalité instrumentale se traduit par « l'élimination de l'incommensurable » ; tous les blocs du mémorial ont la même largeur et la même longueur ; tout est comparable, l'exception devient une anomalie. Tout est mesurable et quantifiable. Socialement, cela se traduit par la négation de l'individu au profit de la masse et du collectif. Il s'agit de « rendre comparable ce qui est hétérogène[366] ». L'hétérogène est banni du mémorial d'Eisenman qui proteste contre cette rationalité qui nivelle le monde, supprime le divers, l'altérité, la différence, la singularité. Son œuvre mime la barbarie systémique du nazisme, l'idéal meurtrier de la totalité et du système dans la mise en œuvre du judéocide.

Adorno ajoute : « Tout ce qui ne se conforme pas aux critères du calcul et de l'utilité est suspect à la raison [...]. De Parménide à Russel la devise reste : Unité ». La modernité rationaliste correspond au « triomphe de l'égalité répressive[367] » que les blocs de béton du monument représentent. « En le réduisant à des quantités abstraites, le monde est assujetti à l'homme ». La richesse de sa diversité est anéantie. « La Raison se comporte à l'égard des choses comme un dictateur à l'égard des hommes[368]. »

Adorno déclare : « Sur la voie qui les conduit vers la science moderne, les hommes renoncent au sens[369]. » Le sens disparaît

---

[364] Adorno et Horkheimer, *La Dialectique de la raison. Fragments philosophiques* (1944), trad. E. Kaufholz, Gallimard, 1974, p. 42.
[365] *Ibid.*, p. 30.
[366] *Ibid.*, p. 25.
[367] *Ibid.*, p. 30.
[368] *Ibid.*, p. 27.
[369] *Ibid.*, p. 23.

dans le mémorial. La méthode est efficace, pas la vérité. Adorno et Horkheimer notent l'intolérance de la Raison : « L'esprit éclairé remplaça le feu et la roue par les stigmates de l'irrationalité[370]. » « La Raison est totalitaire[371]. » L'irrationnel, sous toutes ses formes, est condamné ou minoré. Le mémorial réintroduit l'irrationnel par la variation des hauteurs des blocs et leur ondulation aléatoire. L'irrationnel dans le mémorial est ambivalent, positif et négatif. Adorno déclare : « La voie de la civilisation était celle de l'obéissance et du travail[372]. » Elle était ainsi pervertie en oubliant ses finalités liées au bonheur. Le philosophe écrit : « La terre entièrement éclairée resplendit sous le signe des calamités triomphant partout[373]. » L'Aufklärung a pour objectif de libérer les hommes de la peur. La Raison réintroduit la peur. Le nazisme a instrumenté la raison en mettant les sciences et les techniques au service de la mort et du crime. Le mémorial dénonce ce renversement de l'Aufklärung. La terreur est au cœur du mémorial d'Eisenman ; il se fait l'écho de la sentence d'Adorno : « La Raison est la radicalisation de la terreur mythique[374]. » Elle éprouve une « terreur mythique à l'égard du mythe[375] ». Le mémorial, avec ses blocs de béton ondulants et en mouvement, mime un cauchemar sans fin et la dynamique meurtrière du nazisme. En refusant la présence d'arbres dans le mémorial, Eisenman et Serra condamne la domination de la nature par la rationalité instrumentale. L'œuvre d'Eisenman cautionne l'idée d'Adorno : « Tant que l'art renoncera à avoir valeur de connaissance, la pratique sociale le tolérera au même titre que le plaisir[376]. » Les blocs de béton du monument excluent le plaisir esthétique.

On peut faire deux objections à Todorov. Comme Arendt, il maintient un concept de totalitarisme valable aussi bien pour le nazisme que le communisme soviétique. Les deux régimes sont

---

[370] *Ibid.,* p. 48.
[371] *Ibid.*, p. 24
[372] *Ibid.*, p. 49.
[373] *Ibid.*, p. 21.
[374] *Ibid.*, p. 33.
[375] *Ibid.*, p. 45.
[376] *Ibid.,* p. 48.

trop différents pour être assimilés. Le concept a été utilisé par la droite européenne et les Américains dans le cadre de la Guerre froide contre l'Union soviétique. Par là, il a perdu une partie de sa crédibilité. L'Urss et ses satellites européens après le stalinisme ne planifient aucun génocide, et n'en réalise pas, à la différence des nazis. Il y a une affinité fondamentale entre le totalitarisme nazi, son idéologie raciale exterminatrice et les génocides.

Walser a dénoncé le moralisme insupportable de la gauche intellectuelle défendant le mémorial d'Eisenman, en parlant « de la massue morale d'Auschwitz ». Le mémorial est interprété comme « une bétonisation du centre de la capitale, un cauchemar ». Walser ne croit pas si bien dire ; en effet, le mémorial est un cauchemar destiné aux Allemands. En revanche, ce n'est pas « une monumentalisation de la honte[377] », exceptée bien sûr pour les Allemands ayant eu l'âge d'homme dans les années 1940, ayant appartenu à la Waffen-SS comme Grass, ou au parti nazi comme Broszat et bien d'autres intellectuels allemands. Rudolf Augstein, dans le sillage de Walser, parle « de préserver le cœur de Berlin d'une telle monstruosité ». Le monstrueux est en effet présent, mais sous une forme que Augstein n'a pas comprise. Les détracteurs de l'art contemporain sont parfois, comme Adorno l'avait relevé, plus perspicaces que ses défenseurs. Walser, dans l'un de ses romans, *Mort d'un critique* se livre à une critique acerbe de Habermas et de Reich-Ranicki. Ce dernier a relevé que ce roman, à l'origine de l'affaire Walser, trahit comme « la Querelle des historiens » et l'affaire Fassbinder, la récurrence d'un antisémitisme dans les années 1980 en Allemagne[378]. Walser déclare : « Les Allemands sont maintenant un peuple normal, une société comme les autres[379]. » Une nation qui porte au pouvoir des

---

[377] Expression de Martin Walser cité par Habermas « Les Allemands et leur mémorial » art. cit., p. 114.

[378] L'affaire Martin Walser met aux prises l'écrivain et Bubis en 1998, au moment des débats concernant la réalisation d'un mémorial à Berlin. Walser en opposition à toute mémoire parle de la massue morale de la commémoration du judéocide, des insupportables monuments de la honte que l'on veut imposer aux Allemands et préconise le refoulement de la mémoire au nom d'une Allemagne régénérée et unie. Les défenseurs allemands des mémoriaux juifs seraient des opportunistes se rapprochant des Juifs pour éviter d'avoir à s'interroger en tant que descendants des bourreaux. Bubis fut scandalisé par ces déclarations.

[379] Martin Walser, *op.cit.*, p. 109.

racistes et des bellicistes qui décrètent et mettent en œuvre des génocides n'est pas une nation normale. La barbarie de l'Allemagne n'est certes pas séparable des ruptures de civilisation que représentent le colonialisme européen, ou les guerres mondiales, mais de fait, c'est cette nation qui a porté l'aveuglement de l'Europe à l'irréparable du judéocide. Walser n'a pas pris la mesure réelle du judéocide et de la criminalité nazie. Bubis fut indigné par les propos de Walser, à juste titre.

La pensée d'Habermas propose une réflexion politique et culturelle à partir du monument. La morale n'est pas au premier plan, même si elle est sous-jacente. On peut avoir des doutes sur un monument qui s'adresserait essentiellement à la morale et à l'humanisme des spectateurs. La morale a été fortement ébranlée par le judéocide[380]. Arendt écrit : « En moins de six ans, l'Allemagne a réduit à néant la structure morale de la société occidentale, commettant des crimes que personne n'aurait cru possible[381]. » Levi, Imre Kertész, même Améry pensent que la morale est un obstacle fondamental à la répétition d'un génocide[382]. Adorno et Horkheimer sont plus sceptiques ; dans la *Dialectique de la raison* ils écrivent : « Le fait de ne pas avoir masqué mais d'avoir proclamé à haute voix l'impossibilité de produire contre le meurtre un argument de principe qui soit fondé sur la raison, a alimenté la haine avec laquelle précisément les progressistes d'aujourd'hui poursuivent encore Sade et Nietzsche[383]. »

L'impératif catégorique kantien, foncièrement transformé toutefois, n'est pas tout à fait éradiqué. Adorno écrit : « Dans leur état de non-liberté, Hitler a imposé aux hommes un nouvel impératif catégorique : penser et agir en sorte que Auschwitz ne se répète pas, que rien de semblable n'arrive. Cet impératif est aussi réfractaire à sa fondation qu'autrefois la donnée de l'impératif kantien, ce serait un sacrilège de le traiter de façon discursive : en lui se donne à sentir corporellement dans la moralité le moment de

---

380 Theodor W. Adorno, Max Horkheimer, *La Dialectique de la raison. Fragments philosophiques*, trad. E. Kaufholz, Gallimard, 1974.

381 Arendt, *Humanité et terreur et autres essais*, trad. F. Bouillot, Payot, 2017, p.196.

382 Améry Jean, *Par-delà le crime et le châtiment. Essai pour surmonter l'insurmontable,* trad. F. Wuilmacht, Actes sud, 1995.

383 Adorno et Horkheimer, *Dialectique de la raison*, *op.cit.*, p. 127.

son surgissement[384] ». La morale n'a plus son fondement dans la raison mais dans la réaction corporelle, instinctive, à l'immonde. C'est le sens de l'autoconservation brute en chacun qui impose le souvenir de la morale et sa nécessité. « Ce n'est que dans un motif matérialiste sans fard que survit la morale[385] ». Le judéocide dit suffisamment que la morale est devenue infiniment vulnérable, voire fantasmatique. Par rapport au judéocide, la conscience politique est plus opératoire que la morale pour prévenir la répétition de l'horreur. De même, la justice pénale est plus efficace que les appels, souvent dans le vide, à la morale. Rappelons que la dénazification en Allemagne n'a pas eu lieu pour l'essentiel, notamment dans l'université et le monde financier et industriel.

Le mémorial ne s'adresse pas à l'humanité du visiteur comme étant acquise. Il révèle l'inhumanité des hommes comme une dimension irréductible de leur humanité. Pour Habermas, la démocratie est la réponse politique au nazisme. Il convient de se désolidariser du nationalisme allemand et de favoriser la libre expression et la liberté d'opposition.

Enfin, Habermas n'exclut pas que le mémorial soit aussi reçu comme un hommage aux victimes juives, même s'il est entendu qu'il ne répare rien, car le judéocide est irréparable, insurmontable. L'œuvre d'Eisenman, de ce point de vue, s'associe à la mémoire positive d'une série de tableaux abstraits réalisés dans les années 1970 par Stella : la série des « Villages polonais », en hommage et en souvenir des synagogues en bois de Pologne construites entre le XVIIe et le XIXe siècle. Un livre illustré de photographies de ces synagogues a été offert à Stella par son ami Richard Meier qui appartient au groupe d'architectes les « New York five », comme Eisenman. La plupart de ces synagogues ont été détruites par les nazis. Stella réalise, à partir des illustrations du livre, 42 dessins et confectionne des maquettes en bois à l'origine des 130 reliefs abstraits qui constituent la série des Villages polonais. Une exposition de ces œuvres a eu lieu, en 2016, au musée d'histoire des Juifs de Pologne à Varsovie.

---

384 Adorno, *Dialectique négative*, trad. groupe de traduction du Collège de Philosophie, Paris, Payot & Rivages, 2003, p. 442.
385 *Ibid.*

Schama rappelle qu'en 1939, la Pologne envahie, l'un des premiers actes des troupes allemandes « fut d'incendier les synagogues de bois ; quelques-unes des plus belles constructions européennes du XVIIIe siècle périrent comme la synagogue de Narowlia, de Przedborz (avec ses peintures murales de Yehuda Leib), de Pohrebyscze et de Kornik. Les rares synagogues qui survécurent avaient été converties en latrines publiques, en écuries et en bordels. Des Juifs furent parfois brulés avec leurs synagogues[386]. »

Eisenman était d'abord plutôt opposé à l'idée de réserver son monument exclusivement à la destruction des Juifs. Il avait à l'esprit la criminalité nazie dans toute son ampleur. Finalement il s'est résolu à ce qu'il soit exclusif. Il importe que ce monument soit en effet réservé exclusivement aux Juifs pour respecter la singularité du judéocide. L'erreur de l'Union soviétique et de ses satellites européens est d'avoir masqué la spécificité du judéocide en incluant les victimes juives dans les victimes de la guerre. Cela s'est traduit par un refoulement du judéocide dans ces nations, liées par ailleurs à un antisionisme virulent contre Israël.

Le mémorial associe le régime totalitaire à une politique génocidaire. Staline, en effet, a commis un génocide sur les Ukrainiens en les affamant.

Il s'agissait finalement pour Eisenman de confirmer l'idée de l'unicité du judéocide et son caractère sans précèdent. Yehuda Bauer relève entre autres comme caractère unique : son caractère global. Tous les Juifs devaient mourir dans l'optique Hitlérienne. Si l'armée de Rommel n'avait pas été arrêtée, les Juifs du Moyen-Orient auraient été en danger de mort. Sans le débarquement des Américains, les Juifs du Maghreb auraient été pareillement en danger. Le génocide des Arméniens ne visait pas tous les Arméniens. De même pour le génocide des Tutsis. Un autre aspect est aussi très présent, sans être unique, le fait que les Juifs étaient des ennemis intégralement fantasmés par les nazis. L'historien Jürgen Kocka recommanda que des monuments soient consacrés aux autres victimes du nazisme, les homosexuels et surtout les Tsiganes. En fait, d'autres monuments plus ou moins importants s'ajoutèrent, ceux par exemple dédiés aux victimes de l'opération

---

386 Simon Schama, *L'Histoire des Juifs. Appartenir de 1492 à 1900, op.cit.* p. 418.

T4, aux députés de gauche assassinés par les nazis, aux victimes des stérilisations imposées (400.000 hommes et femmes).

L'œuvre dédiée aux homosexuels martyrisés et assassinés est installée non loin du mémorial d'Eisenman. Elle a été réalisée le 27 janvier 2006, après un concours, par Elmgreen et Dragset, deux artistes liés à la performance et à l'installation. Il s'agit d'un bloc de béton qui s'apparente à ceux du mémorial d'Eisenman. À l'intérieur du bloc, par une fenêtre, on peut voir une vidéo montrant deux hommes s'embrassant sur la bouche. L'homosexualité investit symboliquement l'espace public. Le bloc est incliné, revendiquant le fait de ne pas être droit, mais déviant de la norme hétérosexuelle. La CDU s'est opposée au projet de ce petit mémorial. Il aura fallu 16 ans pour qu'il soit réalisé. La fondation du mémorial d'Eisenman est chargée de l'entretien des mémoriaux dédiés aux homosexuels et aux Tsiganes[387]. Le mémorial destiné aux Tsiganes, créé tout près du Reichtag, a été conçu par l'artiste israélien Dani Karavan qui a, par ailleurs, rendu un bel hommage à Walter Benjamin à Port Bou (France)[388]. L'œuvre dédiée aux Tsiganes a une poésie douce et mélancolique remarquable[389]. Un plan d'eau très sombre, circulaire, est environné de petites dalles irrégulières formant une mosaïque éclatée ; sur ces plaques parfois des noms de lieux de tueries.

À propos de son plan d'eau suggestif, Karavan l'associe à un grand trou où disparurent les victimes. Dans le site, des panneaux transparents documentent les violences subies par les Tsiganes d'Europe. Une fleur est déposée quotidiennement sur une pierre triangulaire en granit dans le petit bassin. Un poème *Auschwitz* du poète Rom Spinelli orne en lettres de bronze le pourtour du bassin.

---

[387] Sur la persécution des homosexuels par les nazis, voir Regis Schlagdenhauffen, *Triangle rose. La persécution nazie des homosexuels et sa mémoire*, Autrement, Paris, n° 264.

[388] Dani Karavan a su mettre en relation son monument avec le paysage et impliquer le visiteur en construisant un corridor en acier traversant la falaise, dans lequel un escalier vertigineux conduit à la mer. Sur la vitre qui ferme ce passage, Karavan a inscrit une phrase de Benjamin, : « Honorer la mémoire des anonymes est une tâche plus ardue qu'honorer celle des gens célèbres. L'idée de construction historique se consacre à cette mémoire des anonymes ». Karavan, non sans inquiétude, avec son mémorial aux Tsiganes à Berlin, se souviendra de cette déclaration de l'auteur des *Passages*.

[389] Le monument est dédié aux Sinti et aux Roms.

« Visage effondré, yeux éteints, lèvres froides, silence, un cœur déchiré, sans souffle, sans mots, pas de larmes ». Une musique plus murmurée que vraiment audible accompagne ce lieu de recueillement. On compte 500 000 Tsiganes assassinés par les Allemands, l'armée, la police, la SS. Une partie d'entre eux est morte d'épuisement dans les camps, d'autres ont servi de cobaye humain, une grande partie fut fusillée ou gazée. Cette communauté reste toujours stigmatisée aujourd'hui. La France, ayant un lourd passé de racisme à l'égard des Tsiganes, a connu un pogrom, en 2018, visant des Roms en Île de France. Une telle aberration rappelle que la France a encore beaucoup à faire pour réduire sa xénophobie qui a pris des allures meurtrières durant le régime de Vichy. Un grand nombre de Tsiganes, internés dans des camps de concentration français, ont été des victimes de ce régime qui a livré ses Tsiganes aux SS.

Pour Langbein et Primo Levi, il faut tirer la leçon d'Auschwitz[390]. Le mémorial d'Eisenman nous invite à le faire. On peut aller au-delà des précieuses recommandations d'Habermas ou plutôt en tirer d'autres conséquences. Il ne s'agit pas uniquement pour chaque nation impliquée dans la destruction des Juifs de rompre avec une histoire et une culture qui ont favorisé la persécution des Juifs. On pense à l'antisémitisme millénaire des chrétiens (catholiques, protestants, orthodoxes) que l'on aurait tort de sous-estimer dans l'apparition du judéocide. On pense au désintérêt du Vatican par rapport à la discrimination des Juifs en Europe dans les années 1930 et à son silence durant l'extermination des Juifs[391]. On ne doit pas oublier l'antisionisme communiste poststalinien et l'antisionisme musulman actuel.

On a souvent déploré l'abus de mémoire du judéocide, et pas seulement en Allemagne. Ce n'est pas l'abus de mémoire qu'il faut dénoncer, notamment quand la mémoire est servie par des artistes d'envergure. Ce qui fait défaut, c'est l'ouverture du champ de la mémoire. Le génocide arménien et le génocide des Amérindiens aux États-Unis, modèles pour Hitler, ont aidé les nazis à projeter

---

[390] Hermann Langbein, *Hommes et femmes à Auschwitz*, trad. D. Meunier, éditions Tallandier, 2011.

[391] Voir Saul Friedländer, *Pie XII et le IIIe Reich*, Paris, Seuil, 2010.

des meurtres de masse. En Arménie occidentale et en Anatolie, 1, 2 million d'Arméniens ont été assassinés. La liquidation des élites arméniennes en Turquie a précédé le génocide ouvrant la voie et donnant l'exemple de la liquidation des élites polonaises par la Wehrmacht et les nazis lors de l'invasion de la Pologne. On oublie quand on parle du génocide arménien, le génocide de 500 000 Yesidis, 350 000 Grecs pontiques et de nombreux Assyriens (70% de la population), par « les Jeunes turcs » au pouvoir et l'État turc. Il s'agissait pour les Turcs d'assassiner toutes ses minorités chrétiennes.

Des officiers militaires allemands collaborent à ces génocides en tant que conseillers. On les retrouvera en partie dans l'organisation du judéocide. Reich-Raniki souligne que dans le ghetto de Varsovie, il lisait avec beaucoup d'autres le livre de Werfel sur le génocide arménien[392]. Le grand Rabbin de la plus haute autorité religieuse en Israël a reconnu le génocide arménien qui est toujours nié par la Turquie.

L'impunité est un accélérateur de la reproduction des génocides. Entre 1918 et 1922, 150 000 Juifs ont été assassinés par l'armée blanche russe et la République populaire ukrainienne. La plupart ont été tués par des Ukrainiens qui, décidément, feront de leur pays une « terre de sang » pour les Juifs selon l'expression de Snyder[393].

---

[392] Frantz Werfel, *Les Quarante jours de Musa Dagh*. Le jeune Reich-Raniki, dans le ghetto de Varsovie avait compris qu'un judéocide était à l'œuvre en Pologne. Il écrit : « Bourrer même les femmes et les enfants dans des wagons à bestiaux de manière aussi barbare et proprement inhumaine, n'avait pas l'intention de les faire travailler » *Ma vie, op.cit.*, p. 179.

[393] Voir Timothy Snyder, *Terres de sang. L'Europe entre Hitler et Staline*, trad. P.-E. Dauzat, Paris, Gallimard, 2012.

17/ Ouvrir le champ de la mémoire

L'Europe reste très largement amnésique par rapport à ses violences coloniales, parfois d'une ampleur ahurissante, comme notamment la Grande- Bretagne et sa politique en Inde dans la seconde moitié du XIXe siècle. Il se pourrait que la désinhibition criminelle des nazis vienne en partie de cette politique que Mike Davis associe à des génocides impliquant des dizaines de millions de personnes. Un tel précédant peut permettre de mieux comprendre comment des intellectuels SS ont pu programmer des génocides concernant 30 millions de personnes[394]. En fait, une telle échelle a été atteinte en Inde ; là encore, l'idéologie raciale a pu servir de justification pour relativiser l'importance de ces morts de masse. Mike Davis dans *Génocides tropicaux* montre une conjonction de catastrophes naturelles (inondations, sècheresses) avec des causes économiques et politiques se traduisant par des famines, des épidémies et un nombre astronomique de morts notamment en Inde[395]. Les Britanniques ne font rien pour endiguer les maladies contagieuses ou la famine. La pression fiscale des colons britanniques sur les plus pauvres les condamne en période de crise à la famine et à la mort. L'absence d'aide des Britanniques est une composante capitale de la mort de masse qui se compte en dizaine de millions de morts. Curzon, extrémiste colonial, diminue les rations de secours pour les victimes de la famine. Il est « l'architecte d'une famine brillamment organisée ». En Angleterre, la population est intéressée par la guerre qui se mène en Afrique du Sud, guerre qui est aussi à l'origine de l'absence d'aide financière pour l'Inde. Ce sont les Américains qui interviendront pour limiter une hécatombe sans pareil dans l'histoire. Les génocides tropicaux ne sont pas intentionnels, les premiers en Inde

---

[394] Il n'est pas inutile de rappeler la composition de la direction SS. On comptait 30% de nobles et une majorité d'universitaires. Dès 1933, Heydrich pour le SD, avait recruté des juristes, des universitaires, des journalistes et des membres d'instituts de recherche.

[395] Mike Davis, *Génocides tropicaux. Catastrophes naturelles et famines coloniales aux origines du sous-développement*, trad. M. Saint-Upéry, Paris, La Découverte, 2003.

ne le sont pas ; mais le laisser faire par les Britanniques et leurs décisions aggravant les choses, s'apparentent à une attitude génocidaire. On savait dans le monde entier, l'importance de ces catastrophes. La famine a été une stratégie coloniale en Asie pour affaiblir les résistances au colonialisme[396]. En Inde, le revenu par habitant sous la domination coloniale entre 1757 et 1947 n'a pas progressé[397]. Il a diminué de moitié dans la seconde partie du XIXe siècle, époque des grandes famines. En Inde, sous la domination anglaise, la modernisation et l'ouverture au marché mondial se sont traduites par une paupérisation considérable. Davis parle aussi d'un sinistre partenariat entre les ravages d'el niño et ceux du marché mondial qui déclenchent la peste et le choléra.

En Chine, des phénomènes similaires, dans la même période, se déroulent et se traduisent par des millions de morts de maladies diverses. Les Chinois sont peu secourus par les impérialistes européens. La révolte des boxers, très nombreux, sera réprimée avec violence notamment par le Feldmarschal von Waldersee qui extermina des centaines de milliers de Boxers. La barbarie coloniale fut un précédent déterminant pour la criminalité nazie qui adapta pour son projet colonial à l'Est des méthodes qui avaient déjà fait leurs preuves : affamer les prisonniers soviétiques pour les tuer. Staline avait déjà, dans les années 1930, organisé la famine en Ukraine en tuant des millions d'Ukrainiens. Le rationnement des ghettos juifs, dès 1939 en Pologne, avait le même but, tuer les habitants en les affamant et en les exposant à des maladies mortelles.

Ce qui importe aussi au-delà de la mémoire, c'est de bien enregistrer la leçon de Gunther Anders[398]. Avec l'événement d'Hiroshima et la bombe nucléaire, l'homme dispose de la possibilité technique de détruire l'espèce humaine. On possède un arsenal nucléaire capable d'anéantir plusieurs fois la planète. Dès

---

[396] *Ibid.*, p. 341.

[397] *Ibid.*

[398] Günther Anders, *L'Obsolescence de l'homme. Sur l'âme à l'époque de la deuxième révolution industrielle,* trad. C. David [1956], Paris, Éditions Ivrea, 2002.

1954, une bombe à hydrogène des Américains est 750 fois plus puissante que la bombe atomique d'Hiroshima.

La barbarie nazie démentielle a clairement montré l'irrationalité catastrophique de l'humanité et la faiblesse de la civilisation. Libeskind, à propos de son musée juif à Berlin, dit qu'il fera comprendre aux participants (le public) qu'on ne peut pas éviter la confrontation à l'apocalypse[399]. Il avait à l'esprit des déclarations de Benjamin dans *Sens unique* qui, dans le chapitre final de son livre le « Planétarium », parlait d'autodestruction à l'échelle de la planète et d'anéantissement de l'espèce humaine. Le capitalisme contemporain renforce l'idée d'une destruction de l'espèce humaine à grande échelle avec les prochaines catastrophes écologiques. Beuys a donné un avertissement à ce propos avec son installation *La fin du XXe siècle*. Il nous invitait à continuer la préservation de la nature, comme il l'a fait de manière remarquable avec sa performance *7000 Chênes*[400] consistant à planter ces arbres à Kassel. Le judéocide dément des nazis donne la mesure de l'aveuglement humain qui pourrait devenir ravageur avec le progrès technoscientifique. Eisenman a associé son mémorial à cette perspective funèbre. Eisenman écrit : « Jamais depuis l'avènement de la science moderne de la technologie et de la médecine une génération n'avait été confrontée, comme elle l'est aujourd'hui à la possibilité de l'extinction d'une civilisation entière[401] ». Cette déclaration date de 1984. Le mémorial en est l'avertissement. Il annonce la fin de l'avenir comme nouvelle espèce du temps[402]. Benjamin écrit : « Si l'élimination de la bourgeoisie n'est pas accomplie avant un moment presque calculable de l'évolution technique et scientifique (indiqué par l'inflation et la guerre chimique), tout est perdu, il faut couper la mèche qui brûle avant que l'étincelle n'atteigne la dynamite[403]. »

---

399 « Derrida, Libeskind discussion », in *Les Arts de l'espace*, *op.cit.*, p.164.
400 Sur cette performance et l'installation, voir Éric Valentin, *Joseph Beuys, Art, politique et mystique*, Paris, L'Harmattan, 2014.
401 Eisenmann, *Écrits, 1963-1984*, trad. G. Herrmann, Éditions Formes, 2017, p. 387.
402 *Ibid.*, p. 388.
403 Benjamin, *Sens unique, op.cit.*, p.193.

Eisenman ne pense pas seulement à la nécessité d'une mémoire critique de la violence sociale et historique et à une vigilance politique contemporaine, qui va au-delà de la désinformation des grands media, pour lutter contre les guerres actuelles dans le monde. Il y a trop d'indifférence, de désinformation, de focalisation sur les mêmes problèmes, bien souvent secondaires à l'échelle du monde.

Kershaw dans *L'âge global* souligne les dangers actuels de régression en Europe[404]. Il désigne la montée des extrêmes-droites très liées à la xénophobie en France, en Hongrie, en Pologne, en Autriche, en Italie, en Suisse dans les années 2000. La crise financière de 2008 a renforcé cette ascension. Kershaw souligne les dangers du nucléaire que rappelle la catastrophe de Tchernobyl ; l'explosion de la centrale a eu des suites mortelles. Elle a entraîné des dizaines de milliers de morts. 135000 personnes ont été déplacées de force. Fukushima, dont on ne connaît pas encore le vrai bilan a rappelé la vulnérabilité des pays, même les plus modernisés, ayant des centrales nucléaires. L'hypothèse d'une guerre nucléaire localisée reste envisageable.

Une remarque de Bauman semble aussi intéressante pour prendre la mesure de notre situation. Il écrit : « Nous n'avons plus une complète perception du fonctionnement de nos institutions, de notre technologie et de nos structures bureaucratiques. La modernité semble dépasser nos capacités d'une maitrise rationnelle, si bien que l'histoire pourrait se faire une fois de plus dans notre dos[405]. » Bauman écrit : « L'holocauste est un sous-produit du penchant moderne pour un monde totalement planifié et totalement maitrisé quand ce penchant échappe à tout contrôle et devient fou[406]. » Eisenman adhère à ce point de vue. On retrouve ici son rejet radical du système et de la totalité, en jeu dans des pensées philosophiques comme le marxisme-léninisme, l'hégélianisme, et la philosophie traditionnelle quand elle a l'absolu comme

---

404 Ian Kershaw, *L'Âge global. L'Europe, de 1950 à nos jours*, trad. A. de Saint-Loup et P.-E. Dauzat, Seuil, 2020.

405 Zygmunt Bauman *Modernité et Holocauste*, trad. P. Guivarch, Paris, La Fabrique, 2002, p. 144.

406 *Ibid.*, p.159.

objet. L'holocauste devait pour s'accomplir avoir aussi l'aide de secteurs importants d'une armée moderne.

La déshumanisation de l'activité bureaucratique reste une constante[407]. Bauman note que le caractère non violent de la civilisation moderne est une illusion[408]. La civilisation est tout autant en péril aujourd'hui, qu'elle l'était hier[409]. Il suffit de se tourner vers l'histoire récente des pays sous-développés pour découvrir la barbarie à l'œuvre.

De nombreux diagnostics de Bauman semblent être en consonance avec le mémorial. La réserve critique de Bauer par rapport à Bauman doit cependant être prise en compte. Il écrit : « La modernité de Bauman est une espèce de monstre indépendant de la volonté humaine et doté d'une direction idéelle[410]. » Cette réserve n'est pas fausse. La modernité à elle seule n'est pas génocidaire. La raison n'est pas *a priori* du côté du mal. La modernité donne les moyens d'un génocide sans précédent par son ampleur, son efficacité et la rapidité de son exécution, mais ce n'est pas elle qui produit automatiquement le génocide. Sans l'idéologie raciale des hitlériens et son antisémitisme radical et exterminateur, il n'y aurait pas eu de judéocide.

Bauman néanmoins donne des avertissements intéressants liés au mémorial d'Eisenman. Comme l'architecte, Bauman parle de criminels ordinaires concernant les assassins des Juifs, il déclare : « À notre avis, l'écrasante majorité des SS, les chefs comme ceux de la base, auraient passé avec succès tous les tests psychiatriques imposés aux recrues de l'armée américaine ou aux policiers de Kansas city[411]. » Cette normalité des auteurs des crimes de masse et celle des institutions organisant les crimes a de quoi inquiéter, selon Bauman, et faire craindre la possibilité de nouveaux génocides, ce que l'histoire récente a confirmé.

La modernité à l'œuvre dans le judéocide est toujours là, elle s'est même considérablement renforcée. Les moyens de surveil-

---

407 *Ibid.,* p. 172.
408 *Ibid.*, p. 164.
409 *Ibid.,* p. 193.
410 Yehuda Bauer, *Repenser l'holocauste*, trad. G. Brzustowski, éditions Autrement, 2002, p. 86.
411 Bauman, *Modernité et holocauste, op.cit.*, p. 49.

lance des citoyens sont considérables, au point de concerner une partie de la population mondiale. Les services de renseignements de la Gestapo sont insignifiants par rapport à la surveillance électronique généralisée. La capacité de détruire, du jour au lendemain, toute opposition politique s'est accrue, de même a été renforcé la possibilité de contrôler les peuples.

Auschwitz, pour Feingold, est « une extension banale du système industriel moderne[412] ». Le réseau ferroviaire européen fut au service d'une usine de la mort, organisée par une administration complexe et modernisée. Le mémorial d'Eisenman est l'image d'une machinerie de la destruction ; des instituts scientifiques dirigés par des professeurs reconnus de l'université, dès 1933, étudient la question juive. Des historiens, des biologistes, des spécialistes des sciences politiques, des agronomes, des juristes sont au service de la destruction. Le mortel silence de l'indifférence devant le judéocide est une composante du mémorial. Cette indifférence est toujours d'actualité par rapport aux innombrables victimes d'injustices dans le monde. On a souvent une vision floue de ces injustices et en tout cas incomplète, en dépit de la volonté de s'informer. Mike Davis, dans un livre capital, nous apprend que plus d'un milliard de personnes vivent aujourd'hui dans des bidonvilles sordides, dans l'indifférence générale[413]. Ce sont de tels auteurs qui nous permettraient de prendre la mesure que notre monde est en partie infernal. Ils possèdent une connaissance des violences sociales contemporaines et sont rares.

Les Allemands, dans leur majorité, ne furent pas des antisémites fanatiques ou paranoïaques comme le croit Goldhagen, mais plutôt des antisémites pondérés, latents, passifs[414]se transformant en criminels, si l'occasion leur est donnée. Bauer rappelle que la République de Weimar n'était pas antisémite, ni le parti le plus important à l'époque celui de la social-démocratie. Même le Centrum catholique, le second parti le plus important, n'avait pas

---

412 Feingold cité par Bauman, *ibid.*, p. 31.

413 Mike Davis, *Le Pire des mondes possibles. De l'explosion urbaine au bidonville global,* trad. J. Mailhos, Paris, La Découverte, 2006.

414 Yehuda Bauer, *op.cit.,* p. 134.

de revendication antisémite explicite. Les communistes allemands n'étaient pas antisémites durant la République de Weimar.

Le mémorial d'Eisenman, par sa sérialité, sa brutalité, sa géométrie, son archaïsme paradoxal et son dynamisme minéral est l'expression d'une Raison folle et meurtrière qui met les sciences et les techniques au service de la destruction des Juifs, fantasmés comme des ennemis absolus. Dans ce monument catastrophique, le vœu déchirant de Marek Edelman est audible : « Puisse l'homme ne pas détruire son espèce[415]. »

[415] Marek Edelman, Postface [1993], in *Mémoires du ghetto de Varsovie* [1945], trad. P. Li et M. Ochab, éditions Liana Levi, 2002. p. 116.

Bibliographie des ouvrages et articles cités

Abensour, Miguel, *De la compacité. Architecture et régime totalitaire. Le cas Albert Speer*, Paris, Sens & Tonka, 2006.

Adorno, Theodor, W., *Philosophie de la nouvelle musique*, trad, H. Hildebrand et A. Lindenberg, Paris, Gallimard, 1962.

Adorno, Theodor, W., *Dialectique négative*, trad. G Coffin, J. Masson, A Renaut et D. Trousson, Paris, Éditions Payot & Rivages, 2003.

Adorno, Theodor, W, *Prismes. Critique de la culture et de la société*, trad G. et R. Rochlitz, Paris, Payot, 2003.

Adorno, Theodor, W, *Minima moralia. Réflexions sur la vie mutilée*, trad. E. Kaufholz et J.-R. Ladmiral, Paris, Payot et Rivages, 2003.

Adorno, Theodor, W. *Théorie esthétique*, trad. M. Jimenez, Paris, Klincksieck, 2011.

Adorno, Theodor W, *Quasi una fantasia*, trad, J.-J. Leleu, Gallimard, 1982.

Adorno, Theodor W, Horkheimer, Max, *La Dialectique de la raison. Fragments philosophiques,* trad. E. Kaufholz, Paris, Gallimard, 1974.

Agamben, Gorgio, *Ce qui reste d'Auschwitz,* trad. P. Alféri, Paris, Payot & Rivages, 2003.

Aly Götz, Susanne Heim, *Les Architectes de l'extermination ; Auschwitz et la logique de l'anéantissement, trad. C. Darmon, Calmann-Levy, 2006.*

Aly Götz, *Comment Hitler a acheté les Allemands*, trad. M. Gravey, Paris, Flammarion, 2008.

Aly Götz, *Les Anormaux. Les meurtres par euthanasie en Allemagne (1939-1945)*, trad. T. Chazal, Paris, Flammarion, 2014.

Améry Jean, *Par-delà le crime et le châtiment. Essai pour surmonter l'insurmontable*, trad. F. Wuilmart, Actes Sud, 1995.

Anders Günther, *L'Obsolescence de l'homme. Sur l'âme à l'époque de la deuxième révolution industrielle*, trad. C. David, Paris, Editions Ivrea, 2002.

Arendt, Hannah, *Eichmann à Jérusalem*, trad. A. Guerin et M. Leibovici, Paris, Gallimard, 2002.

Arendt Hannah, *Les Origines du totalitarisme,* trad. J.-L. Bourget, R. Davreu, P. Levy, Paris, Quarto Gallimard, 2002.

Arendt, Hannah, *Rahel Varnhagen. La Vie d'une juive allemande à l'époque du romantisme*, trad. H. Plard, Paris, Payot, 2016.

Arendt, Hannah, *Humanité et terreur, et autres essais*, trad. F. Bouillaud, Paris, Payot, 2017.

Ayçoberry, Pierre, *La Société allemande sous le III*e *Reich, 1933-1945*, Paris, Seuil, 1998.

Bataille, Georges, *Œuvres complètes*, tome I, Paris, Gallimard, 1970.

Benjamin, Walter, *Œuvres II* et *III* trad. M. de Gandillac, R. Rochlitz et P. Rush, Paris, Gallimard, 2000.

Benjamin, Walter, *Sens unique*, trad. J. Lacoste, Les lettres nouvelles/ Maurice Nadeau, 2007.

Beuys, Joseph, catalogue du centre Georges Pompidou, Paris, 1994.

Bauer, Yehuda, *Repenser l'Holocauste*, trad. Brzustowski, Éditions Autrement, 2002

Bauman, Zygmunt, *Modernité et Holocauste*, trad. P. Guivarch, Paris, Éditions de la Fabrique, 2002.

Bourdieu, Pierre, Haacke Hans, *Libre échange*, Seuil, Les Presses du réel, 1994.

Ben Bassa, Esther, *La Souffrance comme identité*, Paris, Fayard, 2007.

Bollack, Jean, *L'Écrit. Une poétique dans l'œuvre de Celan,* PUF, 2003.

Bracher, Karl Dietrich, *Hitler et la dictature allemande. Naissance, structure et conséquences du National-Socialisme*, trad. F. Straschitz, éditions complexes, 1995.

Brausch Marianne, Emery Marc, *L'architecture en questions. 15 entretiens avec des architectes,* Paris, Le Moniteur, 1996.

Browning, Christopher, *Des hommes ordinaires. Le 101ème bataillon de réserve de la police allemande et la solution finale en Pologne*, trad. Barnavi, Paris, Les Belles lettres, 2006.

Broszat Martin, *L'État hitlérien. L'origine et l'évolution des structures du troisième Reich*, trad. P. Moreau, Paris, Fayard, 2012.

Büchner, Georg, *Lenz*, trad. M. Cadot, Paris, Flammarion, 1997.

Celan, Paul, *Le Méridien et autres proses*, trad. J. Launey, Paris, Seuil, 2002.

Calle, Sophie, *Souvenirs de Berlin-Est*, Actes Sud, 2013.

Cesarani, David, *Adolf Eichmann. Comment un homme ordinaire devient un meurtrier de masse,* trad. O. Ruchet, Paris, Tallandier, 2014.

Chapoutot, Johann, *Comprendre le nazisme*, Paris, Éditions Tallandier, 2018.

Chapoutot, Johann, *Le Nazisme et l'antiquité*, Paris, PUF, 2012.

Davis, Mike, *Génocides tropicaux. Catastrophes naturelles et famines coloniales aux origines du sous-développement*, trad. Saint-Upéry, Paris, La Découverte, 2003.

Davis, Mike, *Le Pire des mondes possibles. De l'explosion urbaine au bidonville global*, trad. J. mailhos, Paris, La Découverte, 2006.

Deleuze et Guattari, *Mille Plateaux, capitalisme et schizophrénie 2*, Paris, Minuit, 1980.

Derrida, Jacques, *Psyché. Inventions de l'autre II,* Paris, Galilée, 1987-2003.

Derrida, Jacques, *Les Arts de l'espace. Écrits et interventions sur l'architecture*, Paris, Éditions de la Différence, 2015.

Desbois Patrick, *La Shoah par balles. La mort en plein jour*, Plon, 2019.

Didi-Huberman, Georges, *Images malgré tout*, Paris, Minuit, 2003.

Edelman, Marek, *Mémoires du ghetto de Varsovie*, trad. P. Li et M. Ochab, éditions Liana Levi, 2002.

Eisenman, Peter, *Écrits, 1963-1984*, trad. G. Hermann, Éditions Formes, 2017.

Eisenman, Peter, "the Silence of Excess", in *Holocaust memorial Berlin*, Suisse, Lars Müller Publishers, 2005.

Eisenman, Peter, "Memorial to the Murdered Jews of Europe" in *Materials on the Memorial to the Murdered Jews of Europe,* Berlin, Nicolai, 2009.

Eisenman, Peter, « Déplier la vision, l'architecture à l'ère des médias électroniques », *Marnes I,* Paris, éditions de la Villette, 2010.

Eisenman, Peter, *Allocution écossaise*, *Marnes I,* Paris, éditions de la Villette, 2008.

Eisenman, « Discours devant la Royal incorporation of architecture in Scotland en mai 2008 » *Marnes I,* Paris, éditions de la Villette, 2008.

Friedländer, Saul, *Réflexions sur le nazisme, entretien avec Stéphane Bou,* Seuil, 2016.

Friedländer, Saul, *Où mène le souvenir. Ma vie*, trad. J. Dalarun, Paris, Seuil, 2016.

Friedländer, Saul, *Pie XII et le IIIe Reich*, Paris, Seuil, 2010.

Friedländer, Saul, *L'Allemagne nazie et les Juifs*, 2 volumes, *Les Années de persécution et Les Années d'extermination*, trad. P.-E. Dauzat et M.-F.de Paloméra, Paris, Seuil, 1997 et 2008.

Goldberger, Paul, *Building Art. The Life and Work of Frank Gehry*, New York, Alfred A. Knopf, 2015.

Farel, Alain, *Architecture et complexité. Le troisième labyrinthe*, Marseille, Éditions Parenthèses, 2008.

Faure, Fabien, *Richard Serra. Ma réponse à Kyoto*, Lyon, éditions Fage, 2008.

Fritzsch, Peter, *Vivre et mourir sous le troisième Reich. Dans l'intimité des Allemands,* trad. C. Mertens, éditeur André Versailles, 2012.

Gaquère, Jonathan, « Centralité et métropolité du Tiergarten de Berlin » *Allemagne d'aujoud'hui*, n° 221, juillet/ septembre 2017.

Gellately, Robert, *Avec Hitler. Les Allemands et leur Führer*, trad. P. E. Dauzat, Paris, Flammarion, 2003.

Giacché,Vladimiro, *Le Second Anschluss. L'annexion de la RDA. L'unification de l'Allemagne et l'avenir de l'Europe,* trad. Marie-Ange Patrizio, Éditions Delga, 2015.

Goldhagen, Daniel, Jonah*, Les Bourreaux volontaires de Hitler. Les Allemands ordinaires et l'Holocauste,* trad. P. Martin, Paris, Seuil, 1997.

Grossman, Vassili, *Vie et destin*, trad. Berelowitch et A. Coldefy-Faucard, L'âge d'homme, 1980.

Habermas, Jürgen, « Les Allemands et leur mémorial » Cités, n°78, Paris, PUF, 2019.

Habermas, Jürgen, *De l'usage public des idées. Écrits politiques, 1990-2000*, trad. Bouchindhomme, fayard, 2005.

Heiddeger, Martin, *Essais et conférences*, trad. A. Préau, Paris, Gallimard, 1980.

Hilberg, Raul, *La Destruction des Juifs d'Europe,* tome I, II, III, trad. M.-F. de Palomera, A. Charpentier, P.-E. Dauzat, Paris, Gallimard, 2006.

Hilberg, Raul, *Exécuteurs, victimes, témoins. La catastrophe juive*, 1933-1945, trad. M.-F. de Pamoléra, Paris, Gallimard, 1994.

Horkeimer, Max, *Notes critiques* (1949-1969), trad. S. Cornille et Ph. Ivernel, Paris, Payot, 1993.

Ingrao, Christian, *La Promesse de l'Est. Espérance nazie et génocide 1939-1943*, Paris, Seuil, 2016.

Ingrao, Christian, *Croire et détruire. Les intellectuels dans la machine de guerre SS,* Paris, Fayard, 2010.

Kater, Michael H, *Huit portraits de compositeurs sous le nazisme*, trad. Sook Ji et Martin Kaltenecker, Éditions contrechamps, 2011.

Kerschaw, Ian, *Qu'est-ce que le nazisme ? Problèmes et perspectives d'interprétation*, trad. J. Carnaud, Paris, Gallimard, 1997.

Kerschaw, Ian, *Hitler,* trad. P.-E. Dauzat, Paris, Flammarion, 2008.

Kerschaw, Ian, *L'Age global. L'Europe, de 1950 à nos jours*, trad. A. de Saint Loup et P. -E. Dauzat, Seuil, 2020.

Kertez, Imre, *L'Holocauste comme culture. Discours et essais*, trad. N. Zaremba-Huzsvai et C. Zaremba, Actes Sud, 2009.

Klemperer, Victor, *LTI, La langue du troisième Reich*, trad. E. Guillot, Albin Michel, 1996.

Klüger Ruth, *Refus de témoigner*, trad. J. Etoré, éditions Viviane Hamy, 1997.

Koolhass, Rem, *Junkspace*, trad. D. Agacinski, Payot, 2011.

Koolhass, Rem et Ungers, *La Ville dans la ville. Berlin, un archipel vert*, Zurich, Lars Müller publishers, 2013.

Koolhass Rem, *Études sur (ce qui s'appelait autrefois) la ville*, trad. F. Guévremont, Payot & Rivages, 2017.

Krauss, Rosalind, *L'Originalité de l'avant-garde et autres mythes modernistes*, trad. J.-P. Criqui, Paris, Macula, 1993.

Krauss, Rosalind, *Passages*, trad. C. Brunet, Paris, Macula, 1997.

Lacan, Jacques, *De la psychose paranoïaque, dans ses rapports avec la personnalité*, Paris, Le Seuil, 1975.

Langbein, Hermann, *Hommes et femmes à Auschwitz*, trad. D. Meunier, Paris, Éditions Tallandier, 2011.

Lanzmann, Claude, « Trou de mémoire », *Les Temps modernes*, Berlin mémoires, août- novembre 2003, n°625.

Lauterwein, Andrea, *Essai sur la mémoire de la Shoa en Allemagne fédérale (1945-1990)*, Paris, éditions Kimé, 2005.

Lebeer, Irmeline, *L'Art ? C'est une meilleure idée ! Entretiens 1972-1984*, Paris, Éditions Jacqueline Chambon, 1997.

Lévesque Luc, *Peter Eisenman entre lieu et non-lieu. Vers une architecture de l'interstitiel : 1963-1988,* Genève, MétisPresses, 2019.

Levi, Primo, *Les Naufragés et les rescapés. Quarante ans après Auschwitz*, trad. A. Maugé, Paris, Gallimard, 1989.

Levi, Primo, *Conversations et entretiens*, trad. T. Laget, D. Autrand, Paris, Laffont, 1998.

Libeskind, Daniel, *Construire le Futur. D'une enfance polonaise à la Freedom Tower*, trad. Marina Boraso et P. Girard, Paris, Albin Michel, 2005.

Libeskind, Daniel, *Jewish museum Berlin,* G+B arts International, 1999.

Loos Adolf, *Paroles dans le vide*, trad. C. Heim, Paris, Éditions Champ Libre, 1979.

Longerich, Peter, *Himmler. L'éclosion quotidienne d'un monstre ordinaire*, trad. R. Clarinard, Éditions Héloise d'Ormesson, 2010.

Manguel, Alberto, *Le Livre d'images*, trad. C. Lebœuf, Paris, Actes Sud, 2001.

Meier Alexis, *Peter Eisenman. Machine critique de l'architecture*, CH. Gollion, infolio éditions, 2019.

Moutier-Bitan, Marie, *Les Champs de la Shoah. L'extermination des Juifs en Union soviétique, 1941-1944,* Paris, passés composés, 2020.

Morin Edgar, *Mes Berlin, 1945-2013*, Paris, Le Cherche-Midi, 2013.

Müller, Philip, *Trois ans dans une chambre à gaz d'Auschwitz*, trad, P. Desolneux, Paris, Pygmalion, 2008.

Newman Barnett, *Écrits*, trad. J.-L. Houdebine, Paris, Macula, 2011.

Norberg-Schulz, *L'Art du lieu. Architectures et paysages, permanence, mutations*, trad. Anne Guglielmetti, Paris, Le Moniteur, 1997.

Otto, Rudolf, *Le Sacré*, trad. A. Jundt, Paris, Payot, 1995.

Paxton, Robert O, Marrus, Michael R., *Vichy et les Juifs,* trad. M. Delmotte, Paris, Calmann-Levy, 2015.

Rautenberg Hanno, "Building site of remembrance", Holocaust Memorial Berlin, Zurich, Lars Muller Publishers, 2005.

Rees, Laurence, *Holocauste, une nouvelle histoire*, trad. C. Jaquet, Paris, Albin Michel, 2018.

Reichel, Peter « Auschwitz », *Mémoires Allemandes*, sous la direction d'Etienne François et Hagen Schulz, trad. B. Lortholary et J. Etoré, Paris, Gallimard, 2007.

Reichel Peter, *La Fascination du nazisme*, trad. O. Mannoni, Odile Jacob, 2011.

Reichel Peter, *L'Allemagne et sa mémoire*, trad. O. Mannoni, Paris, Odile Jacob, 1998.

Reinhardt, Ad, « L'art en tant que tel »in Harrison et Wood, *l'Art en théorie 1900-1990*, trad. A. Bertrand et A. Michel, Paris, Hazan, 1997.

Revault d'Allonnes, Olivier, *Aimer Schönberg*, Paris, Éditeur Christian Bourgeois, 1992.

Revue de l'histoire de la Shoah, « Des philosophes face à la Shoah », n° 207, octobre 2017,

Reich-Ranicki, *Ma vie,* trad. J. Etoré et B. Lotrholary, Paris, Grasset, 2001.

Ricœur, Paul, *Le Temps raconté, temps et récits III*, Paris, Seuil, 1985.

Rouillard, Dominique, *Superarchitecture. Le futur de l'architecture 1950-1970*, Paris, Éditions, de la Villette, 2004.

Ruben Hayoun, *La Kabbale*, Paris, Ellipse, 2011.

Rubio, Emmanuel, *Vers une architecture cathartique (1945-2001),* Paris, Éditions Donner lieu, 2011.

Schama, Simon, *L'Histoire des Juifs. Appartenir de 1492 à 1900*, Paris, Fayard.

Schama, Simon, *L'histoire des Juifs de 1000 avant notre ère à 1492.*

Scholem, Gershom, *Les Grands courants de la mystique juive*, trad. Marie-Madeleine Davy, Paris, Éditions Payot & Rivages, 1994.

Sebald W. G., *De la destruction comme élément de l'histoire naturelle*, trad. P. Charbonneau, Actes Sud, 2004.

Silhouette, Marielle, *Max Reinhardt. L'Avènement du metteur en scène,* Paris, Presses de l'université Paris-Sorbonne, 2017.

Sloderdijk, Peter, “For a nex poetry of space” trad. Lev Libeskind, The Daniel Libeskind research studio, Staatliche Hochschule für Gestaltung, Karlsruhe, 2010.

Sloterdijk, Peter, “For an architecture of participation”, the Daniel Libeskind research studio, 1999- 2003, Staatliche Hochschule für Gestaltung, Karlsruhe, Editions Voigt, Aharoni, Birken, Krell, Zappe, 2010.

Smith Tony, *Architect, painter, sculptor*, The Museum of Modern Art, New York, 1998.

Smithson, Robert, “Les monuments de Passaic », 1967, Artforum, décembre, New York, 1968.

Snyder, Timothy, *Terre noire. L'Holocauste et pourquoi il peut se répéter*, trad. P.E. Dauzat Gallimard, 2016.

Snyder, Timothy, *Terres de sang. L'Europe entre Hitler et Staline,* trad. P-E Dauzat, Paris, Gallimard, 2012.

Speer, Albert, *Au cœur du III*[e] *Reich*, trad. M. Brottier, Fayard, 2010.

Steiner, Georges, *Langage et silence,* trad. P. E. Dauzat, Paris, Les Belles lettres, 2010.

Tooze, Adam, *Le Salaire de la destruction. Formation et ruine de l'économie nazie*, trad. P.-E. Dauzat, Paris, Les Belles lettres, 2012.

Traverso, Enzo, *Le Totalitarisme. Le XXe siècle en débat*, Seuil, 2001.

Virilio, *Bunker Archéologie*, Les éditions du Demi-Cercle, 1994.

Valentin, Éric, « Avec Reinhardt, libérer le regard », *Artstudio*, Paris, n°16, 1990.

Valentin Éric, *Joseph Beuys. Art, politique et mystique*, Paris, L'Harmattan, 2014.

Welser, Harald, *Des hommes normaux aux meurtriers de masse,* trad. B. Lortholary, Paris, Gallimard, 2007.

Wenders, Wim, *La Vérité des images. Essais, discours et entretiens*, trad. D. Petit, Paris, L'Arche, 1992.

Wiesel, Elie, *Entretien avec Brigitte-Fanny Cohen*, Paris, La Manufacture, 1987.

Young, James E. *Daniel Libeskind and the Contemporary Jewish Museum: New Jewish Architecture from Berlin to San Francisco*, Rizolli, New York, 2008.

Zumthor, Peter, *Présences de l'histoire*, trad. Y. Rosset et C. Dumont d'Ayot, Suisse, Scheidegger & Spiess, 2018.

Table des matières

1/ Introduction 11
2/ La maquette *Eisenman I* 17
3/ Richard Serra, Eisenman et le minimalisme américain 33
4/ Adorno, l'art abstrait et la *méthexis* aux ténèbres 43
5/ Land art, modernité et catastrophe 49
6/ Dystopies urbaines 55
7/ Monument *IN SITU* 59
Blocs de béton, bunkers et brutalisme 59
Académie des beaux-arts (Günther Behnisch) 62
Gehry : les Chevaux de la Porte de Brandebourg 64
Le Reichtag 66
La Potsdamer Platz. Art abstrait et industrie culturelle 67
8/ Dimension urbaine du mémorial 71
9/ Derrida et la déconstruction architecturale 75
10/ Libeskind, le musée juif de Berlin 83
11/ La violence inutile et la question de l'ineffable et de l'infigurable 97
12/ Le mémorial et « l'énormité du banal » 109
13/ Les critiques du mémorial 113
14/ Habermas : défenseur du mémorial d'Eisenman 129
15/ Les complicités européennes 137
16/ La Shoah et le rationalisme totalitaire 141
17/ Ouvrir le champ de la mémoire 159
Bibliographie 167

Structures éditoriales du groupe L'Harmattan

L'Harmattan Italie
Via degli Artisti, 15
10124 Torino
harmattan.italia@gmail.com

L'Harmattan Hongrie
Kossuth l. u. 14-16.
1053 Budapest
harmattan@harmattan.hu

L'Harmattan Sénégal
10 VDN en face Mermoz
BP 45034 Dakar-Fann
senharmattan@gmail.com

L'Harmattan Cameroun
TSINGA/FECAFOOT
BP 11486 Yaoundé
inkoukam@gmail.com

L'Harmattan Burkina Faso
Achille Somé – tengnule@hotmail.fr

L'Harmattan Guinée
Almamya, rue KA 028 OKB Agency
BP 3470 Conakry
harmattanguinee@yahoo.fr

L'Harmattan RDC
185, avenue Nyangwe
Commune de Lingwala – Kinshasa
matangilamusadila@yahoo.fr

L'Harmattan Congo
67, boulevard Denis-Sassou-N'Guesso
BP 2874 Brazzaville
harmattan.congo@yahoo.fr

L'Harmattan Mali
ACI 2000 - Immeuble Mgr Jean Marie Cisse
Bureau 10
BP 145 Bamako-Mali
mali@harmattan.fr

L'Harmattan Togo
Djidjole – Lomé
Maison Amela
face EPP BATOME
ddamela@aol.com

L'Harmattan Côte d'Ivoire
Résidence Karl – Cité des Arts
Abidjan-Cocody
03 BP 1588 Abidjan
espace_harmattan.ci@hotmail.fr

Nos librairies en France

Librairie internationale
16, rue des Écoles
75005 Paris
librairie.internationale@harmattan.fr
01 40 46 79 11
www.librairieharmattan.com

Librairie des savoirs
21, rue des Écoles
75005 Paris
librairie.sh@harmattan.fr
01 46 34 13 71
www.librairieharmattansh.com

Librairie Le Lucernaire
53, rue Notre-Dame-des-Champs
75006 Paris
librairie@lucernaire.fr
01 42 22 67 13